AF269690

Amigos hasta la muerte

Texto: Fernando Cordero Morales ss.cc.
Ilustraciones: Patxi Velasco Fano y Poe Ortega Hurtado

SAN PABLO

3.ª edición (2023)

© SAN PABLO 2014 (Protasio Gómez 11-15. 28027 Madrid)
Tel. 917 425 113 – Fax 917 425 723
E-mail: secretaria.edit@sanpablo.es
www.sanpablo.es

© Textos: *Fernando Cordero Morales ss.cc.*, 2014
© Ilustraciones: *Patxi Velasco Fano y Poe Ortega Hurtado*, 2014

Distribución: SAN PABLO. División Comercial
Resina, 1. 28021 Madrid * Tel. 917 987 375 - Fax 915 052 050
E-mail: ventas@sanpablo.es
ISBN: 978-84-285-4551-8
Depósito legal: M. 19.854-2014
Printed in China. Impreso en China

A Javier, Mario y Sara,
mis queridos sobrinos,
que escuchan y leen con interés todas estas historias,
con el deseo de que les inspiren siempre
para ser buenos amigos de Jesús hasta el final.

PRÓLOGO

En un mundo como el que últimamente nos ha tocado vivir, en que hay tanto déficit de alegría y de optimismo, en que a veces incluso uno llega a pensar que la vida no tiene mucho sentido, el ejemplo de los santos nos invita a tener ánimos y a creer firmemente que hay un triunfo, una meta al final del camino de la fe. Porque el misterio de los Santos está en que ellos han alcanzado la plenitud que Dios nos prepara a todos. Lo que aquí tal vez vivimos cada uno de los creyentes, la misma vida, el amor, la felicidad, la comunidad, lo bueno y lo malo, ellos ya lo experimentaron en sus vidas. Puesto que la razón última de cualquier sacrificio está en la iniciativa de Dios, que nos ha hecho sus hijos, para incorporarnos –ya ahora– a su misma vida. Aunque la comunión con él será total solo al final del camino; cuando el triunfo y la unión perfecta nos pertenezcan en plenitud. Como dice san Juan, "entonces lo veremos tal como es".

En este precioso recorrido que nos presenta Fernando Cordero, con ilustraciones de Patxi y Poe, debe señalarse una dimensión que siempre hay que subrayar: la Universalidad de este misterio de los Santos. Y eso quiere decir: hombres de toda raza, pueblo y nación, y de toda condición social, que están gozando ya de Dios. Además, esta universalidad se concreta en los diversos modos de seguir a Cristo. El modelo es único, pero las situaciones sociales y los temperamentos han sido muy diversos. Desde cualquier coordenada histórica se puede seguir a Jesús. Es una visión consoladora para cualquier comunidad.

Posiblemente hoy se hace difícil definir lo que es la santidad, como tanto se dice. Por eso, todos estos santos que reúne *Amigos hasta la muerte* podrán explicar de forma muy directa y visible que seguir a Cristo es posible, y que eso, ni más ni menos, es la santidad. Tuvieron defectos, no eran perfectos, cometieron pecados; digamos que fueron "normales"; pero creyeron en el Evangelio y lo cumplieron.

Su santidad nos debe recordar la nuestra. Con estas palabras tan claras definía el Concilio Vaticano una realidad que había quedado un tanto relegada al olvido: "Todos los fieles cristianos, de cualquier condición y estado, fortalecidos con tantos y tan poderosos medios de salvación, son llamados por el Señor, cada uno por su camino, a la perfección de aquella santidad con la que es perfecto el mismo Padre". Es decir, todos estamos llamados a ser santos. Porque ser santo es seguir siendo una persona normal y corriente, sentir las preocupaciones de la vida, del desempleo, de la necesidad, de la enfermedad, de la soledad; y solidarizarse con quienes sufren para paliar su dolor; y trabajar por cambiar el mundo. Ser santo es ofrecer nuestra amistad incondicional y para siempre a quien se encuentra solo; no aceptar la violencia, el odio que despierta en nosotros la separación de los hombres con muros sociales, religiosos, raciales, nacionales... Ser santo es buscar la superación de todas las situaciones negativas que producen sufrimiento en los hombres. Es vivir con la limpieza de corazón suficiente como para caminar por la vida sin segundas intenciones, ofreciendo sinceridad y confianza.

Imitar a los santos es tener confianza, esperanza, alegría, porque Jesús está con nosotros; y, sobre todo, ser santo es saberse hijo de Dios, llamar a Dios "Padre", lo que significa querer estrechar con los hombres unos lazos mayores de hermandad para, todos juntos, poder invocarlo.

En palabras del papa Benedicto XVI: "Al contemplar el luminoso ejemplo de los santos, se suscita en nosotros el gran deseo de ser como ellos, felices por vivir cerca de Dios, en su luz, en la gran familia de los amigos de Dios. Ser santo significa vivir cerca de Dios, vivir en su familia".

Por eso, yo no me conformaría con señalar que este libro es útil para expresar a pequeños y grandes, de una forma gráfica y directa, el ejemplo de los santos; diría que es un libro necesario, oportuno en este tiempo que nos ha tocado vivir.

Cada vida, cada testimonio que aquí presenta el hermano Fernando Cordero, puede tomarse separadamente o en el conjunto que forma con los demás, ya sea para una catequesis, para la preparación de una celebración, para ilustrar una clase de religión Católica, o sencillamente como un regalo, no solo para niños, para cualquiera que quiera acercarse al don de la santidad en la Iglesia de manera novedosa y deleitable. En este sentido, el acierto pedagógico del libro es incuestionable.

Los dibujos de Patxi Velasco y Poe Ortega respiran alegría, esperanza, cercanía; su simbología es magnífica y el color aporta una nueva idea de lo que en el fondo se trata, la santidad, lejos de aquellas auras melancólicas de las hagiografías de antaño.

Por último, las oraciones que se incorporan hacen a cada santo algo vivo, existente en la realidad bienaventurada del Padre, y nos ofrecen la posibilidad de entrar en contacto con ellos, directamente, para lograr su intercesión, su consejo y su ayuda. Pues no olvidemos que estos amigos de Dios son nuestros amigos hasta la muerte.

JESÚS SÁNCHEZ ADALID

Agustín de Hipona,
el viaje interior

☀ Tras las huellas del Evangelio

Yo soy el camino, la verdad y la vida (Jn 14,6).

☀ ¿Quién fue san Agustín?

Hijo de Patricio y de santa Mónica, nació en Tagaste (Argelia) en 354. Era muy inteligente y apasionado. Estudia en Cartago y ejerce como profesor de retórica. En contacto con san Ambrosio de Milán, se convierte y bautiza en 387. Funda una comunidad monástica y es elegido obispo de Hipona.

☀ Escenas para recordar:
Las lágrimas de una madre

Mónica llora y llora sin cesar. Mujer de fe y piedad sincera, pide continuamente a Dios que alcance el corazón de su hijo Agustín, amante de fiestas, vino y mujeres.

—Hijo, ¿no te das cuenta? Estás perdiendo tu juventud. Con lo culto y sabio que eres, ¿no crees que llevas una vida vacía y superficial? –se lamenta Mónica.

—Madre, la vida está para disfrutarla. Yo deseo amar, pero no sé cómo hacerlo. Quizá un viaje me vendría bien.

A punto de cumplir los treinta años, el hijo rebelde quiere embarcar hacia Roma. Pretende ser un famoso profesor de retórica, el arte de hacer discursos. Lucha con todas sus fuerzas por descubrir la verdad. La busca en todas las religiones y en todos los libros, sin hallarla.

Mónica está dispuesta a partir con él.

—Madre, el barco parte pasado mañana. Nos reuniremos después del amanecer en el puerto.

Mónica acude con todos los preparativos el día indicado y no halla en el puerto ninguna embarcación hacia la Ciudad Eterna. Se siente engañada, su hijo se ha marchado ya. Con su decisión y carácter, resuelve tomar otro barco y seguirlo. No piensa cejar en el intento de que este se convierta y abandone las malas influencias. Al llegar Mónica a Roma, Agustín se ha asentado en Milán. Y hacia allí encamina sus pasos para no perderlo de vista.

En Milán ambos conocen al arzobispo Ambrosio, célebre y extraordinario. Agustín entablará amistad con él, quien le influirá notablemente. Un día de verano, cuando su madre había ido a la iglesia a orar, abre en su casa un volumen con las Cartas de san Pablo. Las primeras frases que saltan a sus ojos son estas de la epístola a los Romanos:

—"Nada de comilonas ni borracheras, nada de orgías ni desenfrenos, nada de riñas ni porfías. En vez de eso, revestíos del Señor, Jesús Mesías, y no deis pábulo a los bajos deseos".

Agustín no quiso leer más. Aquellas palabras de san Pablo fueron las que, de una vez para siempre, disiparon las tinieblas de sus dudas.

Se prepara para el bautismo que Ambrosio le administra en la fiesta de Pascua. El nuevo cristiano, cuando percibe la hermosura y el amor de Dios, se da cuenta de todo lo que se ha perdido en la vida y de cuál es el camino que da la felicidad. Agustín reconoce que ha encontrado el amor en su viaje hacia su propio interior:

—Tarde te amé, hermosura tan antigua y tan nueva, tarde te amé. Tú estabas dentro de mí y yo no estaba contigo.

Mónica no puede sentirse más dichosa. Su hijo es un cristiano convencido.

—Hijo mío, ya nada deseo en esta tierra. Te veo cristiano católico y servidor de Cristo. Es mi mayor alegría. Puedo morir en paz.

Agustín dialoga serena y agradecidamente con su madre. Cuando le llega la hora de la muerte, le cierra los ojos con dulzura. Y, llorando, reza a Dios:

—Si alguien me critica por haber llorado menos de una hora a la madre que lloró muchos años para obtener que yo me consagre a ti, Señor, no permitas que se burle de mí; y, si es una persona caritativa, haz que me ayude a llorar mis pecados en tu presencia.

De regreso a África, el pueblo elige a Agustín como sacerdote. En principio se opone con gritos y lágrimas.

—No soy digno de ser servidor del Señor –responde el elegido.

Pero no hay vuelta atrás. Está convencido de que no puede decirle que no a Dios ni a su pueblo. Con lágrimas en los ojos acepta la súbita elección. Algo parecido le sucede al ser consagrado obispo. Se dedicará en cuerpo y alma a los cristianos de Hipona, a los que instruye con su sólida formación y sus magníficos escritos. Su casa es la casa de todos y él se siente como el padre espiritual de una gran familia.

El misterio de la grandeza de Dios acompañará al obispo toda su vida. Sucedió, estando en la playa, que se preparaba para dar una charla sobre la Santísima Trinidad: el Padre, el Hijo y el Espíritu Santo. Observa cerca de él a un niño tratando de vaciar el agua del mar en un hoyito que había hecho en la arena.

—¿Qué estás haciendo? –pregunta Agustín.

—Trato de vaciar el mar en este hoyito que he preparado.

—Pero –objeta el obispo–, ¡estás tratando de hacer una cosa imposible!

—No más imposible –replica el muchacho– de lo que es para ti entender o explicar el misterio de la Santísima Trinidad.

El niño desaparece y Agustín queda admirado por el hallazgo que acaba de descubrir. Dios siempre le sorprende.

☼ Nos hacemos preguntas

* ¿Crees que Agustín era realmente feliz antes de ser cristiano? ¿Qué es lo que iba buscando?
* ¿Haces caso a tus padres? ¿Crees que tenerlos cerca es una ayuda para ti? ¿Cuál es tu opinión sobre santa Mónica?
* ¿Has engañado alguna vez a tus padres? ¿Cómo te has sentido?
* Cuenta algún hecho de superación personal que hayas logrado motivado por tus padres.

☼ Así pensaba Agustín

* Si quieres conocer a una persona, no le preguntes lo que piensa sino lo que ama.
* Ama y haz lo que quieras.
* La medida del amor es amar sin medida.
* No vayas fuera, vuelve a ti mismo. En el hombre interior habita la verdad.

☼ Oramos con san Agustín

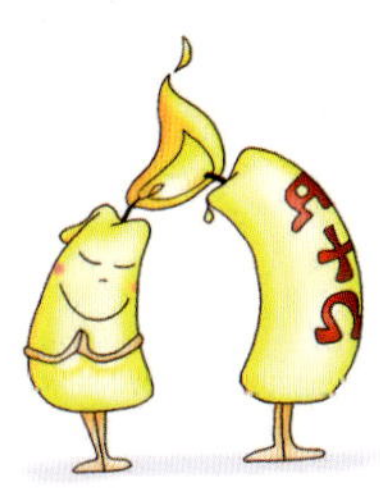

Tarde te amé Belleza infinita.
Tarde te amé, tarde te amé,
Belleza siempre antigua y siempre nueva.
Y supe, Señor,
que estabas en mi alma y yo estaba fuera.
Así te buscaba,
mirando la belleza de lo creado.
Señor, Tú me llamaste,
tu voz a mí llegó, curando mi sordera.
Con tu luz brillaste,
cambiando mi ceguera en un resplandor.

Tú estabas conmigo,
mas yo buscaba fuera y no te encontraba.
Era un prisionero de tus criaturas
lejos de Ti.
Hasta mí ha llegado
aroma de tu gracia, por fin respiré.
Señor, yo te he gustado,
siento hambre y sed, ansío tu paz.

Domingo de Guzmán, las ganas de predicar el Evangelio

☼ Tras las huellas del Evangelio

Al desembarcar vio Jesús mucha gente, le dio lástima de ellos, porque andaban como ovejas sin pastor, y se puso a enseñarles con calma (Mc 6,34).

☼ ¿Quién fue santo Domingo de Guzmán?

Nació en Caleruega (Burgos) en 1170. Eligió la vocación del sacerdocio y fundó la orden de Frailes Predicadores o Dominicos en 1217. Su lema: "enseñar a los demás lo que han aprendido en la oración". Le gusta pensar en los episodios de la vida de Jesús rezando a la vez a María. Fue amigo de san Francisco de Asís. Murió en Bolonia en 1221 y fue canonizado por Gregorio IX en 1234.

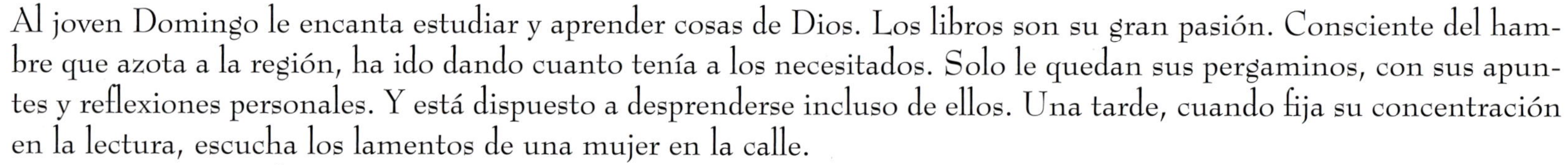

☼ Escenas para recordar: *El búho del sabio predicador*

Al joven Domingo le encanta estudiar y aprender cosas de Dios. Los libros son su gran pasión. Consciente del hambre que azota a la región, ha ido dando cuanto tenía a los necesitados. Solo le quedan sus pergaminos, con sus apuntes y reflexiones personales. Y está dispuesto a desprenderse incluso de ellos. Una tarde, cuando fija su concentración en la lectura, escucha los lamentos de una mujer en la calle.

—¿Qué te pasa, buena mujer?

—Mi hermano –dijo envuelta en lágrimas– ha caído prisionero y nos piden una enorme cantidad de dinero para rescatarlo.

—No te preocupes –la calmó el estudiante–. Yo me venderé como esclavo para rescatarlo.

Cuando la gente de Palencia se entera de lo que Domingo piensa hacer, surge espontáneamente una cadena de solidaridad. Con el dinero recaudado, rescatan al prisionero e impiden que el muchacho se convierta en esclavo.

Pronto se ordena de sacerdote y gracias a su predicación va corrigiendo algunos errores que se iban extendiendo. Lo que más le preocupa es que la gente no descubra quién es de verdad Jesús, el cual siendo Dios se hizo hombre. Y al final se entrega en la cruz por amor. Exponiendo estas cuestiones estaba el nuevo sacerdote, cuando un hombre altivo y enjuto le desafía:

—Si tu doctrina es la verdadera, arroja el libro que llevas al fuego. Si no se consume, creeré lo que dices. También yo arrojaré mi libro a las llamas. Estoy convencido de que triunfará la verdad.

Todos los que rodeaban la hoguera quedaron admirados al comprobar que el libro del predicador permanecía incandescente. Era el volumen que contenía en la portada la figura de los evangelistas en forma de león, toro, águila y ángel. El hombre que le retó reconoce su error, se convierte y sigue las enseñanzas del predicador.

Domingo necesita recogimiento y oración. Decide adentrarse en el bosque durante tres días. Le advierten que tenga cuidado con los salteadores y bandidos. Él, hombre valiente y decidido, va confiado. Contempla la espesura de los árboles, que apenas dejan entrar la luz. Le gusta orar delante de un árbol con tronco retorcido y espléndida copa. De noche, observa los movimientos del búho que se lanza sobre algún roedor que le sirve de alimento. Se acostumbra al aullido profundo de la singular ave rapaz.

Sin embargo, una noche, Domingo se halla en profunda oración.

—¡Que ruido tan extraño sale de la oquedad del tronco! ¿Será algún ratón cazado por el búho?

El estruendo va aumentando. El búho aterrado se posa sobre Domingo, quien a su vez se postra reverentemente. Una luz intensa emerge de las entrañas del árbol. De repente, suenan trompetas que dan paso a unas ceremoniosas arpas. Domingo se postra reverentemente.

—Dios mío, ¿es este el final de mi vida? –se pregunta interiormente.

—No, Domingo –le responde una voz de mujer–. No es el final. Es el principio de tu misión.

El santo, con cierto temor, levanta la vista y percibe la imagen de una mujer vestida de blanco con una capa de azul intenso. En sus manos porta algo. Una hilera de bolitas con una cruz. Es un rosario.

—¡Eres María! –reconoce Domingo–. Tú has venido en mi ayuda.

—Usa, hijo mío, tu sabiduría para que la gente y los que dudan de la fe crean en mi hijo Jesús. Solo lograrás conversiones si llevas una intensa vida de oración y de humildad.

La Virgen da la mayor lección del Evangelio que Domingo ha recibido hasta ahora. Le recuerda los momentos más importantes de la vida de Cristo, desde la Anunciación hasta su Ascensión.

—Aprovecha el poder de la oración. Y no olvides nunca rezar el rosario.

El búho, con los ojos como platos, parece asentir con las palabras de María:

—¡Uuu-ooo!

El predicador, tras este encuentro, sale corriendo hacia la catedral, con su ya inseparable búho. Mientras va de camino, las campanas comienzan a repicar solas y a convocar a los habitantes de la ciudad. El santo da inicio a su predicación:

—Hermanos míos, hoy ha acontecido algo especial.

Dichas estas palabras se levanta una espantosa tormenta y la tierra tiembla estremecida.

—¡No temáis! –les tranquiliza Domingo–. La Virgen María quiere estar siempre con nosotros. Mirad, me ha regalado este rosario. Os voy a enseñar a rezarlo.

Mientras reza el rosario, el búho mira atentamente cómo su amigo va pasando las cuentas del mismo y, en señal de respeto, no emite ningún sonoro reclamo.

☀ Nos hacemos preguntas

* Domingo quiso cambiarse por el esclavo para rescatarlo. Ese gesto de valentía, de darse por alguien que no conocía, originó en la ciudad una reacción de cadena de amor (o de favores). ¿Has visto alguna vez que un buen acto traiga consigo otra serie de acciones positivas?
* ¿Dedicas tiempo a la lectura y a la reflexión? ¿Te paras de cuando en cuando como hacía Domingo?
* ¿Cuáles son las etapas de la vida de Jesús que más te llaman la atención?
* ¿Has escuchado hablar del rosario? ¿Lo has rezado o has visto rezarlo alguna vez?
* ¿Quién es para ti María? ¿Por qué decimos que la Virgen nos acerca a Jesús?

☀ Así pensaba santo Domingo

* "No puede ser que Cristo sufra hambre en los pobres, mientras yo guarde en mi casa algo con lo cual pueda socorrerlos".
* "Es inútil tratar de convertir a la gente con la violencia. La oración hace más efecto que todas las armas guerreras. No crean que los oyentes se van a conmover y a volver mejores porque nos ven muy elegantemente vestidos. En cambio con la humildad sí se ganan los corazones".

☀ Oramos con Domingo de Guzmán

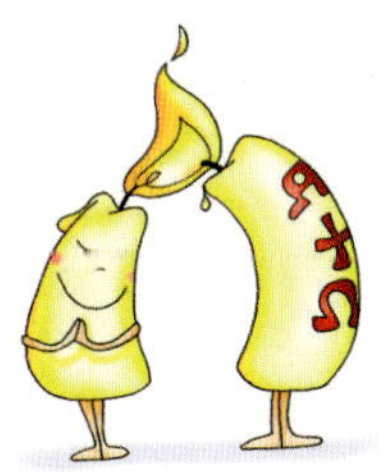

¡Cuántos discursos,
mensajes, canciones,
mítines, pregones,
charlas!
¡Cuántas palabras,
ruidos, sonidos
y algarabías!
Nos hace falta escuchar.
Escuchar la Palabra de la Vida,
amar el Evangelio,

como Domingo de Guzmán.
En la soledad de nuestra habitación,
o en la iglesia,
en el campo o junto al mar.
Repasar tu vida, Jesús,
para que así la nuestra
sea más tuya
y más de verdad,
como fue la de María.

Francisco de Asís,
el hermano de la creación

☀ Tras las huellas del Evangelio

Fijaos cómo crecen los lirios del campo: ni trabajan ni hilan y os digo que ni Salomón en todo su fasto, estaba vestido como uno de ellos (Mt 6,28-30).

☀ ¿Quién fue san Francisco de Asís?

Nacido en Asís en 1181, Francisco era el rey de las fiestas juveniles de su ciudad. Abandona las comodidades de su buena posición, vistiendo una túnica de saco y un cordón. Predica el amor a Cristo y la pobreza. Funda la orden franciscana. Con la colaboración de santa Clara, funda también la rama femenina de su orden. A estas religiosas se las conoce popularmente como clarisas. Los franciscanos predican el amor a Dios, a Cristo, a la creación, a la paz, a la Iglesia. El papa Francisco toma su nombre de este santo como icono de su pontificado.

☀ Escenas para recordar: *Un lobo desconcertado*

Clara y Andreas se han quedado al cuidado de su hermano pequeño, Paolo, ya que sus padres han ido a comprar grano y pienso para los animales. Están entretenidos con la oveja Lucera, que es muy noble y paciente. Montan al pequeño sobre ella disfrazado de capitán. El niño, de cuando en cuando, empieza a llorar, ya que piensa que se va a caer de su "corcel".

—No pasa nada, Paolo –le tranquiliza Clara.

—Lucera es nuestra amiga –recalca Andreas.

Cuando los dos hermanos mayores están entretenidos echándoles de comer a los cerdos, Paolo sale de la granja por una hendidura que hay junto a la cerca. Al rato, Clara y Andreas se dan cuenta de que el niño ha desaparecido.

—¡Menuda riña nos van a echar papá y mamá como no encontremos a Paolo! –se lamenta Andreas.

Anda cerca de la granja, al acecho, un lobo grande y terrible, que es el terror de la comarca. No solo ha acabado con la vida de animales, sino que se ha convertido en una terrorífica amenaza para los hombres. A punto está de lanzarse contra Paolo, cuando el carnívoro escucha a alguien cantar. Aguza el oído y cambia el sentido de su atención. A lo lejos divisa un ser extraño con la cara llena de pelo y envuelto en algo oscuro que no le resulta chocante. Ha visto esa tela en alguna granja.

Es Francisco, que anda de paseo por el campo, revolcándose por la hierba, admirado por el canto de los pájaros y el frescor del agua de la fuente.

El lobo se dice:

—¡Qué tipo tan curioso! ¿De dónde habrá salido? Es un insensato. Cada vez está más cerca.

El hombre de la barba contempla la cercanía del animal, pero parece no estremecerse. Al contrario.

—¡Hermano lobo, hermano lobo! –lo llama con naturalidad.

El lobo, desconcertado, se pregunta:

—¿Qué querrá este tipo? ¿Por qué hace con su mano en el aire un palito en vertical y luego otro en horizontal? Desde luego, ¡qué mal andan estos humanos!

Al lobo le cae simpático Francisco. Es la primera persona que se acerca a él sin sentir miedo. Así que se le aproxima y le da su pata derecha, que aquel acaricia. Luego, comienza a lamerle la barba.

—¡Estate quieto, hermano lobo, que me haces cosquillas!

Paolo y sus hermanos, que por fin han hallado al pequeño, contemplan lo sucedido y se quedan atónitos. Cuando el lobo percibe su presencia, se pone nervioso. Entonces interviene Francisco:

—Hermano lobo, te has portado fatal con la gente de esta zona. Has de cambiar y portarte como una buena criatura de Dios.

En ese momento, Paolo se acerca al lobo y le toca la nariz. El animal se pone de rodillas para que el niño, todavía con su disfraz, se monte en él.

Los padres del niño, que acaban de llegar y se han alarmado al ver que sus hijos no están en la granja, contemplan a su hijo encima de la bestia. En medio del miedo inicial, se quedan maravillados al ver la reacción del lobo.

Francisco está feliz, el animal tan peligroso se ha convertido en un amigo de los niños. La noticia corre rápidamente de boca en boca por todo el pueblo. Tanta expectación produce, que el alcalde pide al hombre vestido de saco que explique lo acontecido:

—Hermanos míos: el hermano lobo, que está aquí ante vosotros, me ha prometido hacer las paces y no dañaros en adelante. Eso sí, tenéis que alimentarlo, lógicamente.

Acto seguido, el lobo se arrodilla y baja la cabeza, manifestando con gestos mansos su voluntad de cumplir todas las condiciones del acuerdo.

Todos consideraron que esto fue un auténtico milagro. Cuidaron del lobo hasta que murió de viejo, rodeado del cariño de todos los habitantes, que vieron en él un recuerdo del paso de Francisco por aquel lugar.

☀ Nos hacemos preguntas

* ¿Sueles maravillarte por la grandeza de la creación? ¿Consideras como hermanos a las personas, a los animales, a las plantas?
* Cuando vas al campo o estás en contacto con la naturaleza, ¿sueles respetar el lugar? ¿Qué haces para cuidar de la creación, de la naturaleza?
* Francisco vivió de una manera pobre y sencilla. ¿Crees que hay cosas en tu vida que pueden sobrarte? ¿Eres capaz de compartir con los que no tienen?

Así pensaba san Francisco de Asís

Señor, haz de mí un instrumento de tu paz.
Que allá donde hay odio, yo ponga el amor.
Que allá donde hay ofensa, yo ponga el perdón.
Que allá donde hay discordia, yo ponga la unión.
Que allá donde hay error, yo ponga la verdad.
Que allá donde hay duda, yo ponga la fe.
Que allá donde hay desesperación, yo ponga la esperanza.
Que allá donde hay tinieblas, yo ponga la luz.
Que allá donde hay tristeza, yo ponga la alegría.

Oh Señor, que yo no busque tanto ser consolado, como consolar,
ser comprendido, como comprender, ser amado, como amar.

Porque es dándose como se recibe,
es olvidándose de sí mismo como uno se encuentra a sí mismo,
es perdonando como se es perdonado,
es muriendo como se resucita a la vida eterna.

Oramos con Francisco de Asís (Cántico de las criaturas)

Omnipotente, altísimo, bondadoso Señor,
tuyas son la alabanza, la gloria y el honor;
tan solo tú eres digno de toda bendición,
y nunca es digno el hombre de hacer de ti mención.

Loado seas por toda criatura, mi Señor,
y en especial loado por el hermano sol,
que alumbra, y abre el día,
y es bello en su esplendor,
y lleva por los cielos noticia de su autor.

Y por la hermana luna, de blanca luz menor,
y las estrellas claras, que tu poder creó,
tan limpias, tan hermosas, tan vivas como son,
y brillan en los cielos: ¡loado, mi Señor!

Y por la hermana agua,
preciosa en su candor,
que es útil, casta, humilde:
¡loado mi Señor!
Por el hermano fuego,
que alumbra al irse el sol,
y es fuerte, hermoso, alegre:
¡loado mi Señor!

Y por la hermana tierra,
que es toda bendición,
la hermana madre tierra,
que da en toda ocasión
las hierbas y los frutos y flores de color,
y nos sustenta y rige: ¡loado mi Señor!

Catalina de Siena, al habla con Jesús

☀ Tras las huellas del Evangelio

Paz es mi despedida; paz os deseo, la mía; y no os la deseo como la desea el mundo. No estéis agitados ni tengáis miedo, habéis oído lo que he dicho, que me voy para volver (Jn 14,27).

☀ ¿Quién fue santa Catalina de Siena?

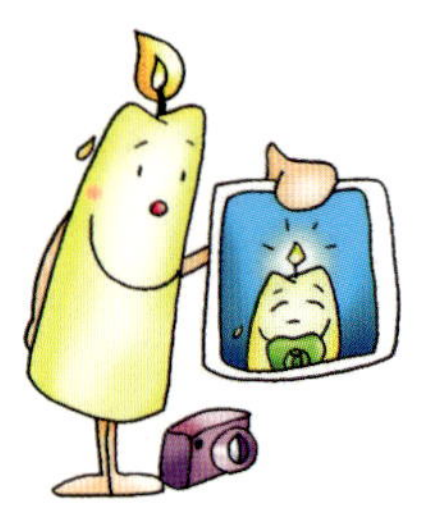

Nació en Siena en 1347. Es la 24 de 25 hermanos. A los dieciocho años tomó el hábito de la orden Tercera de Santo Domingo. Se forma en torno a ella un grupo de hombres y mujeres que se alimentan de sus ricas enseñanzas. Pone paz, en nombre de Jesús, entre las ciudades italianas enfrentadas entre sí. No teme decirle al papa, en nombre del Señor, lo que tiene que hacer. Fue proclamada doctora de la Iglesia en 1970 por el papa Pablo VI. San Juan Pablo II la declaró copatrona de Europa.

☀ Escenas para recordar: *El poder del anillo*

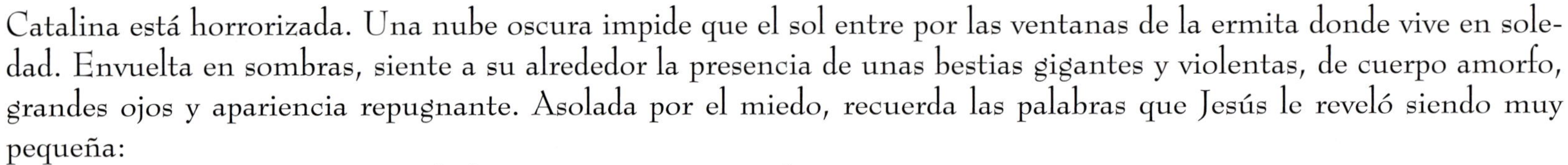

Catalina está horrorizada. Una nube oscura impide que el sol entre por las ventanas de la ermita donde vive en soledad. Envuelta en sombras, siente a su alrededor la presencia de unas bestias gigantes y violentas, de cuerpo amorfo, grandes ojos y apariencia repugnante. Asolada por el miedo, recuerda las palabras que Jesús le reveló siendo muy pequeña:

—Hija mía, piensa en mí; si lo haces, yo pensaré inmediatamente en ti.

Entonces, la joven reza e invoca el nombre de Jesús. Inmediatamente los monstruos que la asedian comienzan a lamentarse, sus broncas voces se convierten en llantos de bebé. Y desaparecen sin dejar rastro.

Nuevamente Catalina ha superado la prueba. Al amanecer, mientras ora en su habitación, se le aparece Jesús, quien le coloca un anillo de oro. Esta alianza es invisible para todos, excepto para ella. Posee un poder especial: jamás ningún mal, ningún temor podrá atemorizar a partir de ahora a la nueva esposa de Cristo. Catalina le pregunta a Jesús:

—¿Dónde te habías metido, Señor? Lo he pasado muy mal.

—Catalina —pronuncia Jesús suavemente—, estaba en tu corazón, dándote fuerza con mi amor.

Comienza una nueva vida. En Siena ha brotado una terrible enfermedad. Catalina atiende a los enfermos. Cuando alguien está muy grave, contempla su anillo y ruega a Jesús que ayude al enfermo. Es tanto el cariño que desprende, que los moribundos le piden que les hable de Cristo. En lugar de ser la muerte un momento terrible, logra con sus palabras y con sus gestos cargados de ternura que el agonizante muera en paz y lleno de esperanza. Ella misma los sepulta con sus propias manos y los devuelve a la tierra, en la que planta una hermosa flor.

Y Jesús tiene nuevos planes para Catalina. Al igual que superó las visiones de los monstruos violentos, ahora ha de poner paz en varias ciudades de Italia. Ha de partir para Florencia. Se están sucediendo asesinatos y desórdenes por la ciudad. Ella se entrevista con las autoridades de la ciudad y con los sacerdotes, divididos en varios bandos. Les habla con convicción:

—Hemos de pedir a Jesús que nos conceda la paz. La división nos lleva al mal y a la destrucción. Pongámonos cada uno de nosotros a tratar a los demás con el amor de Cristo.

—Callen a esa loca visionaria —pide un alto magistrado—. No os dais cuenta de que no muestra ni la más remota idea de política. Es una beata bobalicona.

—Jesús es nuestra paz —continúa con serenidad Catalina, mientras acaricia su anillo—. En el monte, pronunció su programa, que no ha sido superado por ninguna mente humana. Recordad sus palabras: "Bienaventurados los que trabajan por la paz".

Al escucharla, crece en sus oyentes un fuerte deseo de unión y de superar las rencillas e intrigas. El camino de la paz es duro y, aunque los florentinos se resisten en ocasiones, el camino para la reconciliación se ha iniciado y no tiene vuelta atrás.

Catalina desea entregarse por completo a la oración, cosa que parece casi imposible porque, de nuevo, se ve envuelta en otro gran problema que sacude a los cristianos. Los romanos quieren separarse de la Iglesia, ya que los papas viven en Aviñón (Francia) desde hace setenta y cuatro años. Se sienten huérfanos y sin pastor. El papa Gregorio XI hace un voto secreto con la intención de volver a Roma; sin embargo, los cardenales y los miembros de la corte papal se oponen a salir de este lugar. Catalina, sin haber hablado con el papa, conoce que este ha hecho una promesa de regresar a Roma. Viaja a Aviñón y le recuerda:

—Santidad, cumpla con su promesa hecha a Dios.

Al final el papa se traslada a Roma, donde muere. La Iglesia sigue unida gracias a la decisión y a la pasión de Catalina, quien suele repetir con la mirada fija en el anillo:

—Mi corazón es fuego. Fuego de amor a Dios y a la Iglesia.

☀ Nos hacemos preguntas

* Cuando hay algo que te causa terror o pánico, ¿cuáles son tus miedos o los monstruos que te impiden crecer o avanzar en la vida? ¿Cómo los afrontas? ¿Quiénes te ayudan a superarlos? ¿Qué es lo que temes?
* En situaciones de división y de ruptura, ¿intentas echar una mano para mantener la paz y la unidad? ¿O te enfadas y pones la situación aún más tensa? Cuenta algunos ejemplos.
* Catalina ama a la Iglesia a pesar de sus defectos. ¿Sueles hablar bien de la Iglesia? ¿Qué crees que has recibido de ella?

☀ Así pensaba Catalina de Siena

* ¡Basta de silencios! ¡Gritad con cien mil lenguas! porque, por haber callado, ¡el mundo está podrido!
* Una cosa te pido, y es que no te dejes llevar por excesivos consejos. Es mejor que elijas un consejero que te aconseje sinceramente, y seguirlo. Cosa peligrosa es acompañar a muchos.
* En las amarguras desearéis la dulzura, y en la guerra, la paz.

☀ Oramos con santa Catalina

Teniendo a Dios como amigo,
vivirás en la luz de su amor inagotable,
con esperanza y fortaleza,
con verdadera paciencia y constancia
todos los días de tu vida.
Nunca estarás solo,
y nunca temerás a nadie ni a nada,
porque encontrarás tu seguridad en el Señor.

Ignacio de Loyola, en compañía de Jesús

☼ Tras las huellas del Evangelio

Después se lo llevó el diablo a una montaña altísima y le mostró todos los reinos del mundo con su esplendor, diciéndole:

—Te daré todo eso si te postras y me rindes homenaje (Mt 4,9).

☼ ¿Quién fue san Ignacio de Loyola?

Nació en 1491 en Loyola (Guipúzcoa). Su primera dedicación fueron las armas hasta que resultó gravemente herido. Entonces cambió por completo de orientación: decidió ser todo para Cristo. Se retiró a hacer penitencia y oración en Montserrat y Manresa, donde comenzó a elaborar el método de los Ejercicios espirituales. Luego peregrinó a los Santos Lugares. De regreso a España, para poder afrontar mejor su proyecto de evangelización, estudia en las universidades de Alcalá de Henares, Salamanca y París. En esta última forma un grupo con seis compañeros, quienes conformarán el germen de la Compañía de Jesús al servicio del Papa. Su lema es AMDG: "a la mayor gloria de Dios".

☼ Escenas para recordar: *La difícil elección*

En su juventud Ignacio desea poder, riqueza y fama. Le apetece ser amigo del rey, frecuentar la corte, ganar batallas, poseer castillos y caballos. Con su afán de progresar en el escalafón social, se enrola en el ejército como soldado. Lucha contra los franceses en el norte de Castilla. Los españoles se hallan en desventaja numérica frente al adversario

francés. Por eso, el comandante de la tropa española quiere rendirse, cosa que horroriza a Ignacio, quien convence a su superior para que siga luchando:

—Mi comandante, sigamos defendiendo nuestra tierra, si no por la victoria, por lo menos por la honra de servir a nuestra bandera.

Durante la batalla, una bala de cañón alcanza a Ignacio, lesionándole en una pierna y rompiéndole la otra. Menos mal que los franceses admiran la valentía del bravo guerrero herido, por lo que, en lugar de encarcelarlo, lo llevan para que se recupere en su hogar, el castillo de Loyola. Por delante le queda una larga y dura recuperación.

Como los huesos de la pierna sueldan mal, los médicos consideran necesario quebrarlos nuevamente. Ignacio se decanta a favor de la operación y la soporta con valentía, con unas ganas inmensas de volver a la actividad y a la lucha. No obstante, las cosas se complican y comienza a atacarle una fuerte fiebre, con tanta fuerza que los médicos predicen el más oscuro de los presagios. Cuando parece que está todo perdido, mejora la salud del enfermo sin explicación. Aún tiene que enfrentar la operación de un hueso que le sobresale por debajo de la rodilla.

—No puedo dejar de calzar las botas y vestir el traje cortesano, doctores. Opérenme, se lo ruego –solicita repetidamente el convaleciente a los cirujanos.

—La operación va a ser dura, te lo advierto. No hay anestesia –le insinúa uno de los médicos–. Habrá que aserrar el hueso que sobresale y alargar la pierna estirándola gradualmente.

Como el enfermo está decidido, lo intervienen de nuevo, pero con tan poco éxito que quedó ya cojo para el resto de su vida.

Ignacio se aburre terriblemente en su larga convalecencia. Pide que le traigan, para pasar el rato más entretenido, sus lecturas favoritas: novelas de caballería. Ahí tenemos a nuestro héroe, tan molido, soñador y descalabrado como el futuro don Quijote de la Mancha, con la diferencia de que Ignacio se enfrentó a soldados franceses y el ingenioso hidalgo a molinos y botas de vino. Afortunadamente, en la casa no hay ninguno de los libros que solicita el soldado. Por no privarlo de lectura, le ofrecen una vida de Cristo y de los santos.

Desesperado e inquieto, se entretiene con la vida de Jesús y de sus seguidores, aunque poco a poco se va a ir interesando cada vez más con estos libros espirituales, tanto que se pasa toda la jornada leyendo. Y así pasan días y días. El enfermo se dice a sí mismo:

—Si esos hombres están hechos del mismo barro que yo, bien puedo hacer lo que ellos hicieron.

Por un lado nacían en él deseos de parecerse a Jesús y, por otro, le venían pensamientos de amor hacia una dama cortesana unidos a deseos de grandeza, honores y gloria.

Ignacio se hace muchas preguntas:

—¿Qué sería yo si hiciese lo que hizo san Francisco o santo Domingo?

Cuando piensa en Jesús y en los santos, se siente con paz y con tranquilidad. Sin embargo, cuando le tienta la grandeza y el placer, siente amargura y vacío.

Recuperado, decide iniciar una peregrinación a Jerusalén. Su vida ha dado un vuelco. Llega al santuario benedictino de Nuestra Señora de Montserrat, donde recibe el sacramento del perdón, ora de rodillas toda la noche ante el altar de la Virgen, según las reglas de la caballería. Deja su espada y su daga ante el ara y, al salir, regala su traje a un pobre. Él se viste con ropas pobres, sandalias y un bastón. Inicia un largo camino al encuentro de Jesús.

✸ Nos hacemos preguntas

* Ante una situación complicada, ¿te encierras en tu miedo o intentas actuar con valentía? Cuenta situaciones en las que el temor te atenazaba y otras en las que la valentía te ayudó a afrontarlas.
* Cuando has de tomar decisiones, ¿te paras a calibrar las consecuencias?
* Si eres muy impulsivo, cuando a pesar de las consecuencias haces algo que te lleva a sentirte mal, ¿sueles recapacitar después?
* Cuenta situaciones en las que las decisiones que has tomado fueron buenas por pensadas.
* ¿Quién te ayuda a saber tomar decisiones? ¿Qué consejos te dan? ¿Estás de acuerdo con las recomendaciones que te ofrecen? ¿Cuándo no estás de acuerdo?

✸ Así pensaba Ignacio de Loyola

* "Toma, Señor, y recibe toda mi libertad, mi memoria, mi entendimiento y toda mi voluntad, todo mi haber y poseer. Tú me lo diste, y a ti, Señor, lo devuelvo. Todo es tuyo: dispón de todo según tu voluntad. Dame solo tu amor y tu gracia: esto me basta" (Ejercicios Espirituales, 234).

✸ Oramos con san Ignacio y sus Ejercicios Espirituales

Alma de Cristo, santifícame.
Cuerpo de Cristo, sálvame.
Sangre de Cristo, embriágame.
Agua del costado de Cristo, lávame.
Pasión de Cristo, confórtame.
Oh buen Jesús, óyeme.
Dentro de tus llagas, escóndeme;
no permitas que me aparte de Ti.
Del enemigo malo, defiéndeme.
En la hora de mi muerte llámame,
y mándame ir a Ti,
para que con tus santos te alabe
por los siglos de los siglos. Amén.

Juan de Dios, *loco de amor*

☼ Tras las huellas del Evangelio

Fueron a casa, y se juntó de nuevo tanta gente que no lo dejaban ni comer. Al enterarse sus parientes, fueron a echarle mano, porque decían que no estaba en sus cabales (Mc 3,20-21).

☼ ¿Quién fue san Juan de Dios?

Nació en 1495 en Portugal. Revolucionó los hospitales para convertirlos en lugares de acogida para los pobres y enfermos mentales. Fundó un hospital en Granada y vinculó a su obra un grupo de compañeros, los cuales constituyeron después la Orden de los Hermanos Hospitalarios de San Juan de Dios. Es el patrono de los hospitales, enfermos, enfermeros y bomberos.

☼ Escenas para recordar: *¡Cuidado, anda suelto un loco por Granada!*

Están de fiesta en Granada. Las fiestas de san Sebastián. Un predicador de fama, el padre Juan de Ávila, pronuncia un sermón en el Campo de los Mártires, junto a la Alhambra. Por allí se encuentra también Juan el portugués –como llaman en Granada al futuro Juan de Dios–. El maestro Ávila articula con pasión sus palabras:

—Mirándote, Señor, en la cruz, todo convida a amar: el madero, la figura y el misterio, las heridas de tu cuerpo. Y, sobre todo, el amor interior me da voces para que te ame y nunca te olvide mi corazón.

A Juan algo muy fuerte le sacude por dentro escuchando aquella predicación. Dicen que se ha vuelto loco. Va a su pequeña librería y comienza a dar y tirar libros. Reparte sus provisiones. Y todavía más. Se desprende de sus vestidos y queda en camisa y calzones.

Está loco de atar. Y sale corriendo con esa guisa por Granada. Llora y suplica a Dios el perdón de sus pecados.

—¡Misericordia! ¡Misericordia, Señor Dios, de este gran pecador que os ha ofendido! —grita Juan de Dios.

Algunos van a hablar con Juan de Ávila, quien les tranquiliza:

—Aunque al hermano Juan lo tienen por loco es más cuerdo de lo que todos pensamos.

El propio Juan de Dios se encuentra con el Padre Ávila. Pide que le confiese. Ha vivido una experiencia espectacular de conversión. Desea entrar en contacto con los pobres más marginados: los enfermos mentales. Y se le ocurre que la mejor manera de estar cerca de ellos es pasar por loco. Después de varios espectáculos callejeros, lo encierran en el Hospital Real de Granada. Es internado en el pabellón reservado a los dementes.

Termina metido en una jaula, por peligroso, ya que protestaba por el trato inhumano que le dan a los enfermos: baños de agua helada, cadenas y azotes, suciedad y malos olores. Enjaulado y aislado, sueña con dedicarse al servicio de los enfermos mentales.

Como sus extravagancias van remitiendo, lo trasladan al pabellón. Allí Juan friega, barre, limpia y, para sorpresa de médicos y enfermeros, resulta el mejor amigo de los pobres pacientes: les asea, da de comer y entretiene. Al final le dan el alta y sale con un gran sueño:

—¡El Señor me dé la gracia para que yo tenga un hospital, donde pueda recoger los pobres desamparados y faltos de juicio! Así podré servirles como se merecen —desea Juan de Dios.

Juan se prepara en las artes médicas. Comienza a alcanzar tanta fama, por las visitas de los enfermos a un portalón en el que vivía, que sus amigos deciden comprar una casa para hospital en la cuesta Gomérez.

Un día se declaró un incendio en el hospital. Había peligro de que todos los enfermos quedaran abrasados. Juan de Dios, desoyendo a los prudentes, se metió en el fuego, dispuesto a dar la vida, cogió uno a uno sobre sus espaldas y los salvó a todos. A él únicamente se le chamuscaron los vestidos. En Granada se decía que las llamas de su amor fueron más fuertes que las del fuego. Verdaderamente Juan está loco, loco de amor.

Poco a poco se le van uniendo algunos seguidores, con un pasado un tanto peculiar: un homicida, un vago, un prestamista... Juan les advierte de la dureza de su vida. Quieren cambiar radicalmente y darlo todo por los demás.

El número de enfermos crece y Juan sale a pedir dinero por Andalucía y por Castilla. El mismísimo rey Felipe II le ayuda. Al volver a Granada, enferma. Se entera de que el río Genil arrastraba mucha madera, que podría utilizar para que sus enfermos no pasaran tanto frío en el invierno. Se levanta, recorre un buen trecho y se lanza al río. Recolectando troncos estaba, cuando ve que un joven se estaba ahogando. El esfuerzo desmedido que hace por salvarle le agota.

Juan muere días después, de rodillas, mirando al crucifijo, aquel madero del que con tanta pasión le habló un día san Juan de Ávila.

✸ Nos hacemos preguntas

* Los "apartados": Los enfermos con los que se encerró Juan de Dios eran apartados socialmente, no atendidos, tratados como animales… ¿Quiénes son ahora los apartados socialmente? ¿Crees que Jesús nos llama a atenderlos como se merecen? ¿Conoces gente como Juan de Dios que se desviva por ellos y los cuide, los atienda? ¿Te acercas tú a los "apartados"? ¿Por qué? ¿Consideras que el Señor nos puede llamar a ello?
* Piensa en los posibles "apartados" que pueda haber en tu clase, barrio, familia… ¿Qué puedes hacer para que no se sientan así?
* Héroes de amor: ¿Has escuchado alguna vez alguna noticia de alguien que haya sido un héroe de amor como Juan de Dios, que haya entrado en una casa ardiendo, que se haya lanzado al río a salvar a alguien? Cuéntalo. ¿Harías tú algo parecido? ¿Por qué?

✸ Así pensaba Juan de Dios

* "Muchas veces no me atrevo a salir de casa por las deudas que tengo. Por otra parte, viendo padecer a tantos pobres, mis hermanos y prójimos míos, y con tantas necesidades, tanto corporales como espirituales, al no poder socorrerlos quedo muy triste; pero, a pesar de todo, confío solo en Jesucristo: estoy seguro de que él me sacará de apuros, pues conoce mi corazón".

✸ Oramos con san Juan de Dios

Hazme un loco, Señor,
loco de amor.
Loco por servir,
loco por amar,
loco por estar
con los que nadie quiere estar.
Hazme un loco, Señor,
capaz de reírse de sí,
con ganas de cantar,
con ganas de gritar
que Tú nos amas sin parar.
Hazme un loco, Señor.

Francisco Javier, el inagotable anunciador del Evangelio

☀ Tras las huellas del Evangelio

Id y haced discípulos de todas las naciones (Mt 28,19).

☀ ¿Quién fue san Francisco Javier?

Este misionero nació en el castillo de Javier (Navarra) en 1506. Formó parte de la Compañía de Jesús y fue amigo de su Fundador, san Ignacio de Loyola. Trabajó sin descanso, animado por el Espíritu Santo. Bautizó a más de un millón de personas. En los bautizos proceden a sostenerle el brazo, que se le cansa de tanto bautizar. Estuvo en India, Japón y murió muy cerca de China. Es el Patrono de las Misiones.

☀ Escenas para recordar:
Los elefantes, el cangrejo y el saltimbanqui

Nada podía desanimar a Francisco Javier, el incansable misionero, a la hora de viajar por todo el mundo para dar a conocer a su gran amigo Jesús.

31

—Si no encuentro una barca, iré nadando –dijo en una ocasión.

Al ver la pereza de los cristianos, ante la necesidad de evangelizar, comenta:

—Si en esas islas hubiera minas de oro, los cristianos se precipitarían allá. Pero no hay sino almas para salvar.

Desea contagiar a todos su pasión por anunciar el Evangelio. Esta pasión le trajo no pocos inconvenientes, incluso su vida peligró en ocasiones. No obstante, siempre pudieron más sus ganas de mostrar a otros pueblos lejanos la Buena Noticia.

En India fue testigo de las persecuciones a los cristianos. Había una tribu cuyos guerreros luchaban con castilletes que formaban encima de los elefantes, desde los que lanzaban flechas venenosas. Un buen número de cristianos murió, otros quedaron cautivos y muchos huyeron a las cuevas de los arrecifes, donde morían de hambre y de sed. Javier logra reunir veinte barcos de vela para ir a socorrer a los cristianos, pero no pueden llegar debido a una fuerte tormenta. Como no se daba por vencido, el intrépido misionero fue a auxiliarlos por tierra. Volvieron los enemigos con sus elefantes y sus flechas, aunque esta vez quedaron aterrados al ver de un tamaño gigantesco a Javier con el crucifijo en alto.

—¡Eh, vosotros! ¡Convertíos al Evangelio y dejad de matar a los cristianos! –exige el santo navarro.

—¡Huyamos! ¡Estamos delante de un monstruo! –ordena el jefe de los guerreros.

A este crucifijo le tiene un gran cariño el santo. En una aterradora tormenta echó su crucifijo al mar, atado con una cuerda que se rompió. Sin embargo, el mar quedó tranquilo. Cuando pasaba Javier por la playa de otra isla, vio con gran alegría que un cangrejo enorme le traía el crucifijo.

Gran interés le anima por la evangelización de Japón. En una ocasión un japonés, llamado Angero, anuncia a Javier:

—El japonés se convertirá, si el misionero practica lo que predica.

Y Javier se decide a viajar a Japón con otros jesuitas. Un día predicaba el hermano Fernández y le escupieron en el rostro. Él se limpió y continuó su predicación como si no hubiera sucedido nada. Uno de los oyentes quedó tan admirado por la actitud del misionero que fue a buscar a Javier para que le hablara de la fe y le bautizara. Pronto, otros siguieron su ejemplo. Se hicieron cristianos unos dos mil, que se tornaron en activos seguidores de Jesús.

Se convierte también un joven saltimbanqui, simpático e inteligente, aunque con un aspecto ridículo: era ciego de un ojo y miope del otro. Se hace muy amigo del santo, quien lo bautiza y le impone el nombre de Lorenzo y que, más tarde, se convertiría también en jesuita.

—¡Mira, Javier, qué pirueta más chula! – exclama Lorenzo.

—¡Cualquier día te caes y nos quedamos sin canciones y sin alegría! –observa Javier.

—No te preocupes que algo veo y agilidad no me falta –replica el artista.

Javier muere a las puertas de China, donde no lo conoce nadie, con su deseo de evangelizar ese gran país. Cuentan que el día que murió, en gran soledad y con mil contrariedades, el Cristo del castillo familiar de Javier, que está ligeramente sonriente en la cruz, derramó un sudor como de sangre.

☀ Nos hacemos preguntas

* ¿Qué es lo que piensas que Javier quiere expresar con esta frase: "Si en esas islas hubiera minas de oro, los cristianos se precipitarían allá. Pero no hay sino almas para salvar"?
* Tú, ¿por qué te mueves? ¿Te mueve el dolor y la necesidad que ves a tu lado? ¿Conoces situaciones cercanas de gente que sufre, de casa o de clase? ¿Qué haces?
* "El japonés se convertirá, si el misionero practica lo que predica". Son más importantes los hechos que las palabras. ¿Conoces a gente que practica lo que predica? ¿Y tú? Revísate. Cuando te propones algo, ¿lo cumples? ¿Eres de los que dicen que vas a ayudar o a hacer algo bueno en casa, con los amigos o en el colegio, pero luego no lo haces? ¿Qué puedes hacer para ejercitar tu "fuerza de voluntad"?

☀ Así pensaba san Francisco Javier

* "Señor, aquí estoy, ¿qué quieres que yo haga? Envíame donde quieras; y si conviene aun a los indios… Dicen los estudiantes: Deseo saber letras para alcanzar algún beneficio y después con tal dignidad servir a Dios. De manera que hacen mal sus elecciones… Estuve casi tentado de escribir a la universidad de París, cuántos mil millares de gentiles se harían cristianos, si hubiese operarios, para que fuesen solícitos de buscar y favorecer las personas que no buscan sus propios intereses, sino los de Jesucristo… Muchas veces me sucede que tengo cansados los brazos de bautizar, y no poder hablar de tantas veces decir el Credo y los mandamientos en su lengua".

☀ Oramos con Francisco Javier

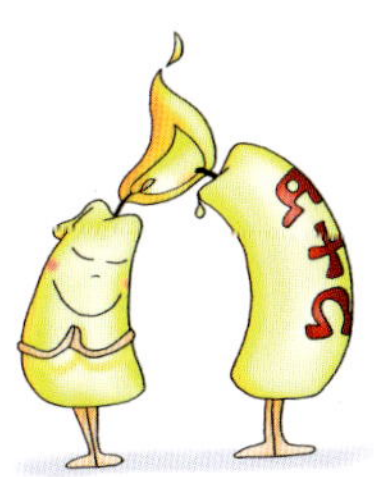

Señor,
no tenemos necesidad de ir en barca,
ni defendernos de las flechas que lanzan desde elefantes,
nuestra vida es más fácil y más cómoda que la de los misioneros.
Ojalá aprendamos de san Francisco Javier
a no desalentarnos ante las dificultades
que nos salen al camino.
Permítenos ser misioneros desde aquí
y cuida a los misioneros que, a lo largo del mundo
y envueltos en los más diversos peligros,
gastan su vida para que otros te conozcan
y vivan con dignidad y paz.

Teresa de Jesús:
como la abeja, constante en la oración

☀ Tras las huellas del Evangelio

Por aquellos días, Jesús se retiró al monte a orar y se pasó la noche en oración con Dios (Lc 6,12).

☀ ¿Quién fue santa Teresa de Jesús?

La Fundadora de las Carmelitas Descalzas nace en Ávila en 1515. De pequeña quiere ir con su hermano a tierra de no cristianos, para ser mártir. No tenía pensado ser monja, pero siente la llamada de Jesús y entra en el monasterio de la Encarnación de Ávila. Goza de una gran amistad con Jesús, que le pide que funde pequeños conventos con una vida intensa de oración y fraternidad. Recorre los caminos llenos de baches de su época, en carro o en mula, para fundar esos nuevos conventos. Incansable, simpática, andariega, se gana a todo el mundo. Durante su vida fundó diecisiete conventos y escribió varios libros, que son una joya literaria y espiritual.

35

Teresa viene muy cansada de un largo viaje para visitar uno de sus conventos. Pero como le han pedido sus superiores que escriba sobre su amistad con Jesús, aunque le cuesta, obedece.

Preocupada por el encargo, en la cocina del convento se produjo este diálogo entre Teresa y la hermana Ana de San Bartolomé:

—Con lo bien que estoy entre pucheros y me piden que escriba sobre mis cosas con Dios —resopla santa Teresa.

—Madre Teresa, aunque nos dices que Dios anda entre los pucheros, también en tus escritos lo podemos ver —afirma Ana de San Bartolomé, que la acompañaba cerca del fogón.

—¡Ay, Dios mío! Si por mí fuera, continuaría hilando en mi rueca y rezando, como las demás hermanas, que no estoy para escribir ni tengo salud y cabeza para ello —remacha la santa.

Las monjas notaban lo deprisa que escribía Teresa, casi de un tirón, aunque a veces interrumpía varios días la escritura por los duros viajes que emprendía para atender las necesidades de los diferentes monasterios que ella había fundado.

—Madre Teresa, ¿cómo va el libro de *Las moradas del castillo interior?* —pregunta el padre Gracián.

—Va poco a poco, pues el asunto de que trata es tarea harto difícil, por lo que le pido al Espíritu que ponga sus palabras en mi pluma —responde Teresa.

—Y, cuénteme, qué es eso del castillo y de las moradas —solicita el sacerdote.

—Mire, padre, el castillo es la vida de cada uno, que tiene una serie de moradas o habitaciones, además de una cerca. Hay personas que no pasan de la cerca del castillo en su relación con Dios, porque viven muy superficial-

mente. Quienes se toman en serio este camino, van pasando por diferentes moradas, hasta llegar al encuentro con Cristo —explica la santa.

En el convento las monjas cuidan gusanos de seda, donde contemplan el milagro del gusano que se convierte en mariposa.

—Lo grande que es Dios que hace que de este gusano, que es grande y feo, salga una mariposita blanca muy graciosa —se admira Teresa.

—Es realmente maravilloso —asiente Ana de San Bartolomé.

—Nosotras somos gusanos que, por la oración, podemos convertirnos en mariposas. Para eso, querida Ana, hemos de cuidar nuestra oración como si fuéramos abejas constantes y trabajadoras. La oración es estar con Jesús y tratarlo como a un amigo —explica Teresa.

En este libro de *Las moradas* escribe Teresa una enseñanza que quedó para siempre grabada en sus monjas:

—La humildad es la verdad. Y la mayor verdad es comprobar cuánto nos quiere Dios —decía con frecuencia a sus hermanas.

Las ocurrencias de Teresa les encantan a las monjas, como este poema que escribió:

> Nada te turbe,
> nada te espante;
> todo se pasa,
> Dios no se muda.
> La paciencia
> todo lo alcanza:
> quien a Dios tiene,
> nada le falta:
> solo Dios basta.

☀ Así pensaba Teresa de Ávila: Poema-coloquio amoroso

Si el amor que me tenéis,
Dios mío, es como el que os tengo,
decidme: ¿en qué me detengo?
O Vos, ¿en qué os detenéis?
—Alma, ¿qué quieres de mí?
—Dios mío, no más que verte.
—Y ¿qué temes más de ti?
—Lo que más temo es perderte.

Un alma en Dios escondida
¿qué tiene que desear,
sino amar y más amar,
y en amor toda escondida
tornarte de nuevo a amar?
Un amor que ocupe os pido,
Dios mío, mi alma os tenga,
para hacer un dulce nido
adonde más la convenga.

☀ Nos hacemos preguntas

* La santa de Ávila prefería quedarse en su convento a andar de viajes, sin embargo, trata de realizar la voluntad de Dios. ¿Te sucede que hay veces en las que no te apetece hacer algo y consideras que es necesario hacerlo? ¿Cuándo?
* Teresa pasó por varias moradas o habitaciones hasta llegar a encontrarse con Jesús. ¿Qué nos puede ayudar y qué nos puede despistar en ese camino interior del castillo?
* Algunos tienen miedo de entrar en el castillo o simplemente les da lo mismo y se quedan en la cerca. ¿Crees que merece la pena descubrir el castillo y el tesoro que encierra? ¿Por qué?
* ¿Habías pensado alguna vez en la transformación que puede tener nuestra vida, como la del gusano, cuando cuidamos nuestra amistad con Jesús? Piensa en ti mismo, en cómo eres. ¿Qué cosas podrían ser diferentes con la ayuda de Jesús?

☀ Oramos con Teresa de Jesús

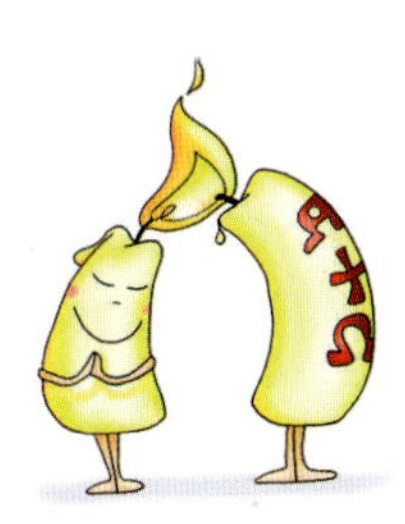

Señor, danos la valentía para entrar
en nuestro castillo interior,
que no nos quedemos en la cerca
o en la puerta.
Haz que pasemos para adentro;
que no nos dé miedo descubrir
quiénes somos,
ni expresar nuestra superficialidad,
tampoco las cosas que tenemos

que ir dejando para acercarnos más a Ti.
Concédenos que, como la abeja,
laboriosa y constante,
cuidemos nuestra oración,
como tu fiel amiga Teresa de Jesús,
que en esos ratos de amistad descubramos
qué quieres de nosotros
y respondamos con generosidad
a tu gran amor.

Juana de Lestonnac, tras los pasos de María

☀ Tras las huellas del Evangelio

María guardaba todas estas cosas, meditándolas en su corazón (Lc 2,51).

☀ ¿Quién es santa Juana de Lestonnac?

Nacida en Burdeos (Francia) en 1556, recibe de su familia una exquisita educación. Se casa y tiene siete hijos. Muere su esposo y su hijo mayor. Continúa sola la educación del resto de sus hijos. Cuando estos ya no la necesitan, descubre que Dios le pide hacer algo por la juventud en peligro. Una epidemia invade la ciudad de Burdeos y Juana desafía el contagio. Ayuda en los barrios más miserables. Ahí se encuentra con un grupo de jóvenes que, sintiendo la llamada del Señor, se comprometen con el proyecto de educar a la juventud. Así funda una nueva congregación religiosa que se inspira en las actitudes de la Virgen, la Compañía de María.

☀ Escenas para recordar: *Consejos a una maestra novata*

Juana está dándole vueltas a la cabeza:

—¿Cómo puedo educar a las niñas que viven tan discriminadas por su ignorancia?

El único colegio que conoce es el de los jesuitas, donde se han educado sus hermanos y sus hijos. Además, uno de sus hermanos es jesuita. Quizá si ella fundara algo parecido a la Compañía de Jesús, que se dedican a la educación de los niños, entre

otras muchas actividades, daría respuesta a la situación en la que se encuentran las mujeres, en la mayoría de los casos analfabetas.

Y pensando en una Compañía en femenino, la Compañía de María, se desata una terrible peste en Burdeos, que afecta a cientos o a miles de personas. Juana se une a uno de los equipos de servicio a los apestados.

—¡Socórrame, buena mujer! –grita un afectado.

—Tranquilícese. Le voy a dar un caldito. Ya verá cómo mejora –afirma Juana.

La ven decidida y valiente, atenta a los enfermos en todo momento. En torno a ella se va creando un grupo de gente que, cuando va remitiendo la enfermedad, no quieren perder su huella. Y Juana continúa con su idea de educar a las niñas.

—Juana, yo quiero ayudarte en el proyecto de enseñar a las que no saben. Pero, ¿qué puedo hacer si no tengo ni idea de cómo leer o escribir? –se pregunta la joven Serena.

—No te preocupes, te enseñaré, aunque tú sabes lo más importante, que es tender la mano a los demás, como María –le responde Juana.

—¡Cómo me gusta escuchar la visita de María a su prima Isabel, para ayudarla y atenderla! –exclama Serena.

—Quiero que María sea nuestro modelo, la maestra de la que aprendamos, el ejemplo que hemos de seguir para ser educadoras con su estilo –subraya Juana.

Tras diferentes vicisitudes, el sueño de la Fundadora de la Compañía de María se va haciendo realidad. Comienza a formar a las primeras hermanas. Les habla del amor: paciente, que no lleva cuentas del mal, que perdona siempre... Y les muestra cuál ha de ser su trato con los alumnos: dejarlos hablar para conocerlos mejor y observar cómo va su progreso. Crear un clima de confianza y amistad entre las educadoras y las discípulas, combinando la dulzura con la rectitud.

Llega el primer día de colegio. La hermana Serena está nerviosa. Las niñas la miran con atención y siguen todos sus gestos. La profesora les pregunta sus nombres y luego se gira para coger un libro de una minúscula estantería. Mientras está de espaldas, una niña arroja una pata de pollo a la joven religiosa. La clase se alborota lógicamente.

—¿Quién ha sido la que me ha arrojado este objeto? –interroga Serena a las niñas.

El silencio envuelve el aula. La maestra se pone aún más nerviosa. Recuerda las enseñanzas de Juana: firmeza y cariño al mismo tiempo.

—No saldremos de aquí hasta que confiese la que ha realizado la gamberrada –indica enérgica Serena.

Las niñas comienzan a señalar a una niña que empieza a ponerse roja.

—¿Has sido tú? –pregunta Serena.

—Sí, he sido yo.

Después de la clase, Serena se queda con su alumna. La niña ha perdido a sus padres por la epidemia de peste. Está triste, desconcertada y, por eso, ha querido llamar la atención. La pequeña se echa a llorar y recibe el consuelo de su maestra, quien comenta a Juana lo sucedido.

—Madre Juana, he perdonado a la niña y le he dicho que ha de mejorar su comportamiento, que estoy dispuesta a ayudarla en cuanto necesite –comenta Serena.

—Has hecho bien. Hemos de ir con paciencia. Recuerda que hay que enseñarles a asearse, a recibir algunas normas básicas para su relación con los demás. Y hemos de iniciarlas en la oración, Serena. Estas niñas no conocen a Dios ni a la Virgen María –indica Juana con preocupación.

✵ Nos hacemos preguntas

* Analiza el comportamiento de los alumnos en tu colegio, en las aulas, y analiza el tuyo. ¿Sigue habiendo alumnos que llaman la atención? ¿Llamas tú la atención? ¿Crees que hay alguna causa para ello?
* Haz una lluvia de ideas de posibles causas para no comportarse adecuadamente en clase. ¿Qué podemos hacer para que esto no ocurra? ¿Por qué hay que procurar entre todos que esto no ocurra?
* En tu colegio: ¿Qué valores crees que tratan de transmitirte? ¿Qué piensas de esos valores? ¿Son importantes para ti? ¿Crees que te ayudan a crecer como persona? ¿Por qué? ¿Qué puedes hacer de tu parte para colaborar en este sentido? ¿Merece la pena?

✵ Así pensaba Juana de Lestonnac:

* "Para asegurar, pues, y perpetuar este socorro a la juventud femenina tan necesitada hoy de esta ayuda, las Religiosas de la Compañía enseñarán a sus alumnos, además de las cosas espirituales, todo lo que una joven bien educada debe saber, como es: leer y escribir correctamente, coser, hacer labor, contar y calcular. Las Religiosas enseñarán gratuitamente todo esto, sin esperar, por ninguna de las cosas citadas, otra paga o recompensa temporal que el aumento de la gloria de Dios entre las almas cristianas".

✵ Oramos con santa Juana

Cuando alguien llama la atención,
cuando un niño se porta mal en clase
o está continuamente haciendo travesuras,
algo sucede.
Educar es saber conducir
al que tiene un comportamiento extraño
y hacerle ver que está invitado a ser feliz,
a convivir, a conocer las maravillas
que Tú has creado para él.
Como santa Juana y sus religiosas,
queremos tender nuestra mano
y comprender la situación

del que continuamente nos molesta
o de aquel cuyo modo de proceder
no logramos comprender.
Nuestra cercanía y apoyo al que
está desorientado
pueden conseguir la reorientación
del rumbo de su vida.
Haz que no nos desalentemos
en este empeño,
con la ayuda de María,
en cuya compañía queremos vivir.

Vicente de Paúl,
la caridad nos mete prisa

☼ Tras las huellas del Evangelio

Dichosos los que eligen ser pobres, porque esos tienen a Dios por Rey (Mt 5,3).

☼ ¿Quién fue san Vicente de Paúl?

Nació en la aldea de Pouy (Aquitania) el año 1581, de una familia de sencillos campesinos y pastores. La gran ilusión de su vida era ser sacerdote. Su pasión fue el servicio a los pobres. Comenzó a dedicarse a la población campesina y, después, amplió el arco de sus destinatarios a los condenados a galeras (remar en barcos de guerra), enfermos pobres, niños abandonados, soldados heridos, esclavos, ancianos desamparados, mendigos, refugiados de guerra, nativos paganos de Madagascar... Para ello movilizó a sacerdotes y fundó la Congregación de la Misión, las Conferencias de los Martes, las cofradías parroquiales de caridad y Damas de la Caridad. Con la ayuda de santa Luisa de Marillac, fundó su gran obra: la Compañía de las Hijas de la Caridad. Murió en París el año 1660. Es conocido como el apóstol de la caridad.

☼ Escenas para recordar:
El despiste de ir siempre pensando en los pobres

Vicente de Paúl, tras reunir a un grupo de sacerdotes para ir evangelizando a los que no conocen a Jesús, anda muy preocupado por la situación de pobreza y miseria de su país. Se empeña en organizar la ayuda a los necesitados a través de mujeres generosas y dispuestas. Pero hace falta algo más. Por eso, en sus predicaciones suele repetir:

—¡Amemos a Dios, hermanos míos, con el sudor de nuestra frente y el esfuerzo de nuestros brazos! No nos

perdamos en teorías, mientras muy cerca hay niños que necesitan un vaso de leche para subsistir.

El buen sacerdote no se puede quejar, porque posee una gran cualidad para lograr que la gente rica le dé limosna para los pobres. Reúne a las señoras más adineradas de París y les habla con tanta convicción acerca de la necesidad de ayudar a quienes estaban en la miseria, que le entregan cuanto pueden conseguir. En una ocasión, la reina de Francia (que se confesaba con él) le dice:

—Padre, no me queda más dinero para poder ofrecerle.

—Majestad, ¿y esas joyas que lleva en los dedos, en el cuello y en las orejas? —señala Vicente.

Y ella le regala también sus joyas, para los pobres.

Vicente sigue dándole vueltas a cómo responder a los más desafortunados. Va a un pueblecito a predicar y pasa junto a un establo, en el que se encuentra una vaquera, Margarita Naseau. Esta joven aprendió a leer preguntando las letras al párroco de su pueblo. Luego, se dedicó a enseñar a leer a otras muchachas de su aldea. En el momento en el que el sacerdote la saluda, la muchacha está ordeñando una vaca y, al ver un cura junto al pesebre, se pone nerviosa y apunta mal. En lugar de dirigir el chorro de leche al cubo, la vaquera falla con la puntería y salpica del blanco líquido el rostro de Vicente. Ella se disculpa inmediatamente:

—¡Perdóneme, padre! No sé cómo me ha podido suceder este incidente. Estoy acostumbrada a este trabajo. Tome este paño húmedo y límpiese, por favor.

—No te preocupes —la consoló él con una sonrisa—, un error lo tiene cualquiera. ¿Tienes un poco de queso?

Ambos comienzan a charlar y a probar el exquisito queso. Margarita acude a las misas de Vicente y descubre que su vocación está al servicio de los pobres. Y él ve en esta joven una inspiración para fundar una nueva comunidad que atienda a los pobres.

Dios sigue poniendo en el camino de Vicente a más personas, para que su obra no se pare. Entre ellas destaca una viuda: Luisa de Marillac, mujer de gran dedicación y amor a los desfavorecidos. Con ella funda la Compañía de las Hijas de la Caridad, unas muchachas sencillas y entregadas a los que nada tienen, como Margarita.

—Luisa, los pobres son nuestros amos y señores —declara Vicente—. Hemos de ir hacia ellos como quien va a apagar un fuego. En ellos encontraremos a Dios. La caridad ha de mover nuestros corazones, pues no se trata de ofrecerles una limosna, sino de darles nuestro amor.

—Mi salud es débil y me siento pequeña, pero he descubierto que el Señor me pide que me entregue a los que nadie quiere. Ofrezco mi casa y mi tiempo para los que me necesiten —manifiesta Luisa convencida.

Luisa y Vicente saben que las Hijas de la Caridad han de armarse de paciencia y sacrificio personal. A veces, la convivencia con los pobres es muy difícil y pesada. La hermana Juana sufre con frecuencia los insultos de un anciano achacoso:

—¡Eres una bruja! ¡Dame más pan! ¿No ves que me muero de hambre?

A pesar de estos incidentes, Vicente anima a esta hija de la Caridad a estar siempre sonriente y de buen humor.

—El servicio a los pobres no es nada romántico, Juana. Ellos son tus amos, amos terriblemente susceptibles y exigentes, ya lo verás. Por tanto, ¡cuanto más repugnantes sean y más sucios estén, cuanto más injustos y groseros sean, tanto más deberás darles tu amor! Solo por tu amor, por tu amor únicamente, te perdonarán los pobres el pan que tú les des.

Vicente suele caminar un tanto encorvado, pensando en los pobres e ideando nuevos proyectos. Un día por la calle no ve a un hombre que viene en dirección contraria y le da un cabezazo. El otro le propina un terrible bofetón. El sacerdote se arrodilla y le pide perdón por aquella falta involuntaria. El agresor averigua quién es ese cura y, al día siguiente, acude a la capilla donde celebraba misa y le pide perdón llorando. Y, en adelante, se convierte en gran amigo y colaborador de Vicente. Se ganó esta

amistad con su humildad y paciencia. Además, llama la atención su manera pobre de vestir. Cuando le quieren rendir honores, exclama:

—Yo soy un pobre pastorcito de ovejas, que dejé el campo para venirme a la ciudad. Solo soy un simple campesino.

☀ Nos hacemos preguntas

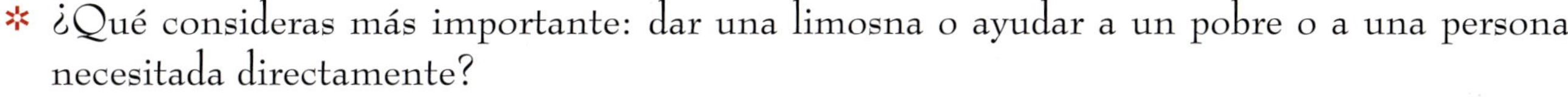

* ¿Qué consideras más importante: dar una limosna o ayudar a un pobre o a una persona necesitada directamente?
* ¿Te has fijado lo difícil que es servir a los pobres? A veces huelen mal o son maleducados. ¿Cómo reaccionas cuando te cuesta hacer el bien a alguna persona que te necesita y cuya apariencia puede resultarte desagradable?
* ¿Has perdido alguna vez la paciencia? Recuérdalo. ¿Te has propuesto ganar en paciencia poco a poco?
* "Solo por tu amor, por tu amor únicamente, te perdonarán los pobres el pan que tú les des", recomienda san Vicente a la hermana Juana. ¿Cuál es el significado de este encargo?

☀ Así pensaba san Vicente de Paúl

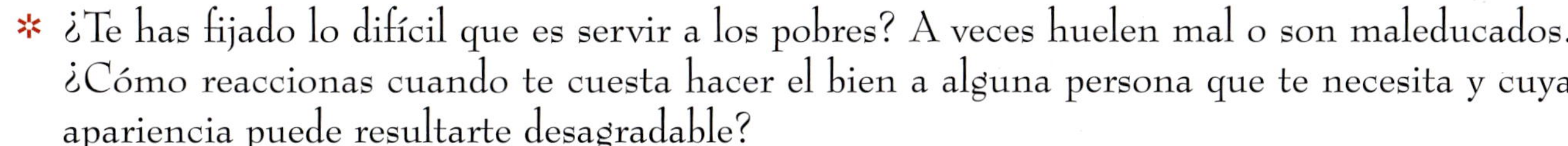

* "Al servir a los Pobres se sirve a Jesucristo".
* "No me basta con amar a Dios, si no lo ama mi prójimo".
* "¡Cómo! ¡Ser cristiano y ver afligido a un hermano, sin llorar con él ni sentirse enfermo con él! Eso es no tener caridad; es ser cristiano en pintura".
* "Si se invoca a la Madre de Dios y se la toma como Patrona en las cosas importantes, no puede ocurrir sino que todo vaya bien y redunde en gloria del buen Jesús, su Hijo...".
* "No puede haber caridad si no va acompañada de justicia".

☀ Oramos con Vicente de Paúl

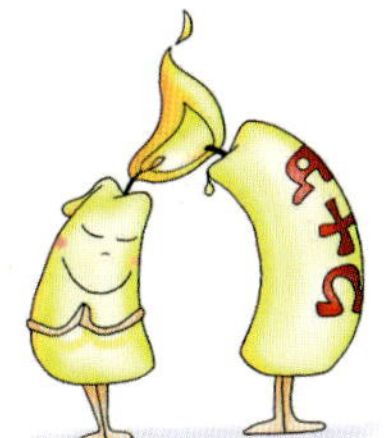

Si los pobres no te conocen, Señor,
no me siento feliz.
Si mi hermano, que está cerca,
no sabe que Tú le amas tanto
que has dado la vida por nosotros,
no soy feliz.
Quiero, Señor, que los pobres
y los que no han oído hablar de Ti,

Dios mío,
te reconozcan cuando les amo.
Quiero amarte, Señor,
como Vicente de Paúl,
con el esfuerzo de mis brazos
y el sudor de mi frente
sirviendo a tus preferidos, los pobres.

Juan Bautista de La Salle,
el arte de educar en cristiano

☀ Tras las huellas del Evangelio

Acercaos a mí todos los que estáis cansados y agobiados, que yo os aliviaré. Cargad con mi yugo y aprended de mí, que soy sencillo y humilde de corazón, y encontraréis vuestro descanso. Porque mi yugo es llevadero y mi carga ligera (Mt 11,28-30).

☀ ¿Quién fue san Juan Bautista de La Salle?

Sacerdote y pedagogo francés, nacido en 1651. En 1682 fundó el instituto de los hermanos de las Escuelas cristianas para la educación de los niños pobres. De carácter dulce y humilde, pero firme, fue un original pedagogo. Escribió una Regla de meditación y algunos tratados. Canonizado en 1900 y proclamado patrón de los educadores en 1951.

☀ Escenas para recordar:
Ataques contra unos excelentes maestros

Juan Bautista está como pez en el agua en clase con los niños. Otros hermanos hacen lo propio en aulas contiguas. Hoy toca repaso de algunos temas de geografía. El profesor se dirige a Bernard:

— A ver, ¿podrías indicarme el nombre de los principales ríos de Francia?

— Loira, Garona..., Loira, Garona... —se atasca el alumno.

—Te voy a dar una pista, Bernard –interviene La Salle–. Te falta un río muy importante que pasa por aquí, por París.

—Me he quedado en blanco, padre.

Otro chiquillo responde sin pedir permiso:

—El Sena.

—Has respondido correctamente, André, pero has de aprender a pedir la palabra para participar en clase, ¿de acuerdo?

—De acuerdo, padre La Salle.

Inmersos en los ríos se hallaban cuando una piedra entra por una de las ventanas y rompe los cristales. Y un trapo con forma de bola de fuego penetra súbitamente en otra aula. Crece el pánico entre los alumnos y los hermanos. Juan Bautista ordena a todos salir del edificio.

—Hermano Eric, por favor, conduzca a los niños a la parroquia e informe al párroco inmediatamente de lo sucedido –ordena La Salle–. Yo voy a ir a hablar con esta masa de gente enaltecida. A ver qué es lo que pasa.

De nuevo un grupo de exaltados, pagados por los maestros de la ciudad, arremete contra las escuelas de La Salle. El motivo es que al comprobar los magníficos progresos de los alumnos de los hermanos, temían perder clientela y que, con ello, bajaran considerablemente sus ingresos económicos.

—Señor de La Salle, no tenemos nada en contra de ti –indica uno de los cabecillas–. Sabemos que has dado todo tu gran patrimonio a los pobres y que has dejado de ser canónigo, perdiendo un buen sueldo, para dedicarte a los niños abandonados.

—Pues no entiendo vuestro proceder. Habéis destrozado una escuela y dejado en la calle a nuestros pobres alumnos –responde La Salle.

—No son pobres, señor. Los hermanos están acogiendo a niños ricos para hacer negocio con la escuela –replica otro con seguridad.

—Nuestra escuela está abierta a todos –remarca Juan Bautista–, sin distinción, pero apostamos especialmente por los más necesitados. Así que os pido que no levantéis falsos testimonios y que nos dejéis continuar con nuestra actividad educativa.

Durante más de quince años, los hermanos soportaron actos de vandalismo que, en el fondo, les tributaron una mayor popularidad y les atrajeron a grandes benefactores que ofrecieron sus donativos para el funcionamiento de las escuelas.

El hermano Eric está muy irritado al constatar y padecer los ataques continuos. En una reunión de profesores, se dirige a Juan Bautista:

—No entiendo, padre, cómo nos quedamos con los brazos cruzados mientras nos destrozan la escuela.

—Hermano Eric, solo creo en estas armas: oración, perdón y paciencia.

La Salle continúa imparable. Crea los domingos una escuela de maestros y da clases a los trabajadores. Su manera de enseñar es muy atrayente. En la formación de los maestros le interesa, sobre todo, que sean capaces de ganarse a los niños.

—Veamos, David, ¿qué harías si al llegar a clase un niño tira una pajarita de papel a otro?

—Sinceramente, padre, intentaría mirar hacia la pizarra como si no hubiera pasado nada, quizá ignorándolos se calman. Y comenzaría, según lo previsto, con las tablas de multiplicar.

—¿Qué les parece el procedimiento? –pregunta La Salle.

Un maestro joven, que más tarde profesará como hermano, participa:

—Creo que no hemos de estar tan obsesionados con dar el temario y fijarnos más en qué les pasa a los niños que actúan de esa manera. El contacto con ellos, estar atentos a su situación familiar, nos puede ayudar para intervenir educativamente.

❊ Nos hacemos preguntas

* ¿Te parecen eficaces las armas de san Juan Bautista: oración, perdón y paciencia? ¿Cuidas tú estas tres dimensiones? ¿Cuáles dirías que son tus "armas"?
* ¿Te has fijado cómo La Salle cuida de la formación de los maestros? En la vida hemos de estar continuamente formándonos y creciendo. Recuerda a las personas que te han ayudado hasta ahora en tu formación humana y cristiana.
* Cuando hay un problema, ¿cómo sueles reaccionar: apartando la vista o afrontándolo?

❊ Así pensaba La Salle

* "Amarán tiernamente a todos sus alumnos, pero no se familiarizarán en particular con ninguno de ellos, ni les darán cosa alguna por especial predilección, sino solo como recompensa o estímulo. Manifestarán a todos los alumnos igual afecto, y más aún a los pobres que a los ricos, por estarles aquellos mucho más encomendados por su Instituto".
* "Debéis velar más sobre los que están inclinados a descarriarse que sobre aquellos que se muestran inclinados al bien y practican la virtud espontáneamente. Es preciso no escatimar ningún medio para lograr que vuelvan al buen camino los que se encuentran dominados por algún vicio, pues, como dice el Señor: 'No es voluntad que perezca ninguno de estos pequeños'".

❊ Oramos con san Juan Bautista de La Salle

Te pedimos, Señor,
por todos los maestros y maestras
que intentar educar con amor,
paciencia y sabiduría.
Especialmente queremos tener presentes
a los profesores de religión,
para que impartan su materia
con pasión y alegría,
se preocupen de cada alumno
y le muestren la grandeza de tu amor.

A ejemplo san Juan Bautista de La Salle,
siempre atento a los niños
y con unas ganas enormes de ser creativo,
inspira a los educadores
para que hagan más fácil
y atractiva la comprensión
de los diferentes conocimientos,
educando en la justicia y la igualdad,
en la caridad y el desprendimiento de sí.

Pedro Coudrin,
el riesgo de un sacerdote fiel

☀ Tras las huellas del Evangelio

No se inquiete vuestro corazón. Creed en Dios y creed también en mí (Jn 14,1).

☀ ¿Quién fue Pedro Coudrin?

Nacido en Coussay-les-Bois funda en 1800, junto a Enriqueta Aymer de la Chevalerie, la Congregación de los Sagrados Corazones de Jesús y de María. Recién ordenado sacerdote, ha de ocultarse durante unos meses, ya que su vida corre peligro por su fidelidad al Papa, en el granero de La Motte d'Usseau. En su reclusión recibe la inspiración de fundar una familia religiosa de hombres y mujeres que extienda el Amor de Dios por todo el mundo. Se expone al riesgo de la guillotina, disfrazado de calderero o gendarme, para ocuparse de los cristianos en apuros.

☀ Escenas para recordar:
Un cura escondido en un granero

Ser sacerdote fiel al Papa en plena Revolución Francesa conduce a un riesgo casi irremediable: la guillotina. El recién ordenado Pedro Coudrin huye de la parroquia de su pueblo natal el día de su primera misa. Se le ha ocurrido hacer algunos comentarios a un anuncio impuesto por la autoridad municipal al concluir la celebración.

El alcalde revolucionario no le perdona estas palabras finales. Pedro ha de huir inmediatamente a través de los campos y de los bosques. El día de fiesta de su primera misa se ha convertido en una jornada de huida y supervivencia. Al regidor casi le da un infarto, al no poder alcanzarlo.

PANADERÍA
RABÍ

El joven sacerdote se instala en el castillo de la Motte d'Usseau, gracias a la generosidad de un primo suyo que es el granjero. Es primavera y la naturaleza bulle con esplendor en el hermoso lugar. Pronto comienzan las sospechas:

—Primo, vas a despedirte del personal del castillo y nos vamos a ir los dos a caballo a escondernos en el bosque —indica el pariente granjero—. Regresaremos al anochecer y te esconderás en un pequeño granero casi inaccesible. Ahí estarás seguro tú y no nos expondrás a peligros a los demás.

—De acuerdo, mi intención no es crearos problemas —asiente el sacerdote—. Os estoy muy agradecido.

Pedro estará escondido cinco meses en la oscura buhardilla, donde no puede ponerse de pie. Durante el día no podrá moverse de allí. Descendía alguna vez por una especie de trampilla para ir al retrete. Lo que comía estaba casi siempre frío. Comienza a debilitarse y la piel se le pega a los huesos. Su cuerpo desprendía un olor tan fuerte que parecía envenenarse a sí mismo. A medianoche baja para celebrar la eucaristía y siempre guarda alguna pequeña partícula del Cuerpo de Jesús para sentir su presencia en su reclusión. Para hacer su estancia más llevadera se dedica a la oración y a leer la historia de la Iglesia. Las noticias que le llegan no son nada halagüeñas:

—Primo —de nuevo el granjero—, han arrestado a tus padres.

Las semanas van pasando. El 20 de octubre, Pedro lee el martirio de san Caprasio, un obispo de los primeros siglos que, huyendo de la persecución a los cristianos, se refugió en una montaña. Desde allí divisa cómo una joven, santa Foy, abraza el martirio antes que renegar de su fe. El anciano obispo, tras contemplar tan gran testimonio, baja de la montaña y se entrega para ser brutalmente martirizado.

Pedro, después de meditar la lectura, decide salir de su escondite. Su primo quiere impedírselo, pero él le tranquiliza:

—No te preocupes, Dios me guardará bien.

Comienza aquí una serie de aventuras que casi le cuestan la vida. Hay muchos cristianos que necesitan de un sacerdote y que están abandonados. Pedro se disfrazará con los más inverosímiles vestuarios. Se las ingenia para ejercer su ministerio sacerdotal vestido de panadero, policía o vagabundo.

Iba por un camino, vestido de panadero, empolvado de harina y levadura, cuando un señor que pasaba con una carreta lo invita a subir y le sondea:

—¿En qué panadería trabajas?

—En la panadería de Rabí —responde Coudrin.

—¿Rabí? —expresa extrañado el carretero—. No conozco a nadie que se llame así.

—Pues mira, es la panadería donde se fabrica el pan que más alimenta del mundo —afirma con convicción el falso panadero.

El sacerdote se dice para sus adentros:

—Desde luego qué desconocimiento del Evangelio. Mira que no saber que así llaman al Señor sus discípulos.

Un día, cuando visita a los enfermos en el hospital es sorprendido por la policía. Imposible tener escapatoria. Pedro se da cuenta de que hay una cama vacía, ya que acaban de retirar el cadáver de un mendigo llamado Andatierra. Blanco como un muerto, el sacerdote ocupa el lugar del vagabundo recién fallecido. Al marcharse los policías, se levanta bien vivo y se da de nuevo a la fuga:

—¡Dios mío, qué mal olía el pobre Andatierra!

Sale Pedro del hospital por una tortuosa callejuela, con la fatalidad de que se topa de nuevo con los guardias:

—¿Ha visto pasar por aquí a Andatierra? —pregunta el policía al sacerdote clandestino.

—Por allí pasó —les señala con toda tranquilidad el padre Coudrin.

Pedro continúa su labor, apenas sin descansar, con el apodo de Andatierra. Se convierte en un héroe de la resistencia. Era tanto lo que tenía que hacer que la noche la aprovecha para visitar a los enfermos más graves y llevarles el alimento de la eucaristía. Arde en fuego por amor a Dios y a los hermanos.

Nos hacemos preguntas

* El primo de Pedro arriesga su vida por esconder a su primo. ¿Serías tú capaz de hacer semejante acción con alguien cuya vida peligrara? ¿Conoces el ejemplo de alguien que haya actuado así?
* A Pedro le apena que el carretero no conozca el Evangelio. ¿Lees con frecuencia los diferentes evangelios y reflexionas sobre la vida de Jesús? ¿Qué es lo que más te llama la atención del Evangelio?
* Desgraciadamente, todavía hoy, en muchos países se persigue a los cristianos por su fe. ¿Conoces noticias de misioneros o de personas que hayan muerto por su fe en Jesús?
* El padre Coudrin utiliza su ingenio para disfrazarse y poder ejercer su ministerio sacerdotal clandestinamente. ¿Eres ingenioso, se te ocurren ideas para ayudar o hacer cosas por los demás? Cuenta alguna ocurrencia que hayas tenido en este sentido.

Así pensaba Pedro Coudrin

* "Hagamos a Jesús un sitio cada vez más amplio en nuestros corazones, y estemos seguros de que el Divino Huésped sabrá proteger a quien no quiere vivir más que de Él y para Él".
* "Amaos mucho unos a otros. Soportad las pequeñas dificultades que son indispensables a causa de los caracteres diferentes: no tengáis más que un solo corazón y una sola alma".
* "Todo es nada, excepto el amar a Dios. Por lo cual vivamos para Él solo y muramos de deseos de agradarle. Esta es la verdadera felicidad".

Oramos con Pedro Coudrin

Dios del Amor y de la Paz,
queremos darte gracias
por la vida de Pedro Coudrin,
que hizo del amor fraterno
y de la Eucaristía, Pan de Vida,
el centro de su entrega generosa.
En tu Hijo Jesucristo lo encontró todo,
entró en los sentimientos de su Corazón
y descubrió que nada es comparable
al deseo de amarte a Ti.

Con pasión por la misión,
transmitió el Evangelio
a los que sufren y a los débiles.
Vivió siempre disponible
para las necesidades de la Iglesia.
No conoció el rencor ni la violencia,
al contrario, unido a la Cruz de tu Hijo,
se hizo solidario con los hombres y mujeres
víctimas del odio y la injusticia.

Joaquina de Vedruna, la ternura de Dios

☀ Tras las huellas del Evangelio

Lo acompañaban los Doce y algunas mujeres que él había curado de malos espíritus y enfermedades: María Magdalena, de la que había echado siete demonios; Juana, mujer de Cusa, intendente de Herodes; Susana, y otras muchas que le ayudaban con sus bienes (Lc 8,2-3).

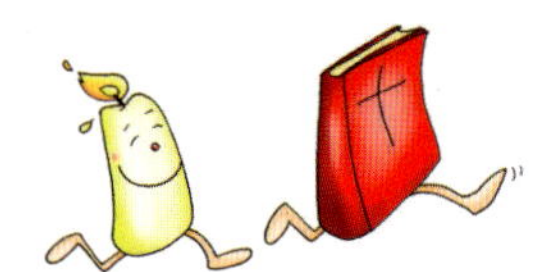

☀ ¿Quién fue santa Joaquina de Vedruna?

La Fundadora de las Carmelitas de la Caridad nació en Barcelona en 1783. Educada en un ambiente familiar, se sintió siempre muy atraída por Dios. Casada con un joven de Vic, Teodoro de Mas, se entregaron ilusionados a la tarea de educar a sus nueve hijos. Prematuramente viuda, Joaquina dedicó lo mejor de sí misma a sus hijos y a los enfermos pobres de la ciudad de Vic. Cuando sus hijos se hicieron mayores, el Señor le mostró el camino hacia una nueva meta: poner en marcha la Congregación de las Hermanas Carmelitas de la Caridad. La infancia y la juventud, los marginados y los enfermos encontraron en ella acogida y respuesta. Murió en Barcelona, víctima del cólera, en el verano de 1854.

☀ Escenas para recordar: *La gallina y el vestido*

Joaquina era una mujer despierta y con gran intuición. Un día caminaba por La Rambla, un conocido paseo de Barcelona, y se encontró casualmente con una joven un poco feúcha y delgada, pero con grandes ideales. Nadie las había presentado y, sin

embargo, las dos se miraron con interés. La muchacha, que se llamaba Paula, buscaba un lugar para servir a Dios y a los demás, aunque tenía un poco de miedo, pues resulta que apenas sabía leer ni escribir.

Entre flores, pájaros y un continuo devenir de gente, ambas comienzan a hablar como si se conociesen de toda la vida. Las dos mujeres entablan un intenso diálogo.

—Cuando Dios nos llama, hemos de responder con generosidad. Cuando me quedé viuda, sentí que Él me pedía que terminara de criar a mis hijos y que me dedicara a los más necesitados —afirma Joaquina.

—Siento, Madre Joaquina, que cuando la escucho hablar de educar a la juventud, de cuidar a los enfermos y de abrir casas donde se pueda atender a personas desgraciadas y abandonadas, parece que me está leyendo el pensamiento, que adivina mi vocación —confiesa Paula.

Paula se entusiasma con Joaquina, con lo que le cuenta de la pobreza y la oración, de la alegría y del amor. Algunas de sus enseñanzas son para ella fundamentales, como la recomendación que hace a las hermanas para que fueran muy prudentes en el hablar, con el objeto de no criticar al prójimo y, si alguna vez murmuraban, recomendaba que cortasen rápido con aquella conversación.

Joaquina atiende a los enfermos con un mimo especial. Los visita en sus casas y en los hospitales, se convierte en su enfermera y servidora. Además, implica a otros, como a un grupo de jóvenes para que afeiten a los pobrecitos del hospital. Todo esto lo pudo contemplar Paula en su noviciado. El intenso frío de aquel invierno no le impidió a la joven novicia estar atenta a las enseñanzas de la Madre Joaquina. Sobre el trato a las niñas en las escuelas solicitaba:

—No permitáis que ninguna niña se marche a casa enfadada, sino que antes debéis procurar reconciliarla y hacerle ver que la estimáis mucho y darle alguna cosita para que no pierda las ganas de volver —indicaba Joaquina.

Sucedió que la maestra de novicias enfermó y no había nada en el convento para alimentarla. La Madre Joaquina pidió a una hermana que fuera al gallinero y que, por orden suya, dijese a las gallinas que pusiesen un huevo. La religiosa, extrañada, obedeció. Al instante, una gallina puso un huevo muy pequeño. La monja fue corriendo a llevar el huevo a Joaquina, quien aprovechó para decirle a la monja que el huevo era pequeño porque su fe en Dios tenía también ese pobre tamaño. Joaquina siempre confiaba en que el Señor no las abandonaría y les proporcionaría todo lo necesario.

Paula, que llegaría a convertirse en Superiora General de la Congregación, guardó siempre en su corazón una oración que le sugirió Joaquina sobre un vestido muy especial:

—Pide con mucha intensidad que el buen Jesús te regale un vestido nuevo, bien bonito; aquel vestido morado que tanto embellece a las esposas de Jesucristo, esto es, el vestido de la humildad, acompañado con unas joyas de oro puro, de la sencillez; y además una corona de perlas y diamantes que ciñan tu cabeza de hermosos pensamientos. El alfiler del pecho, que sea un vivo deseo de amor tan grande al Esposo de tu alma, que prefieras morir mil veces antes que darle el más pequeño disgusto.

Nos hacemos preguntas

* Joaquina no consentía que en su presencia se criticara al prójimo. ¿Haces tú lo mismo? ¿Qué consecuencias puede traer criticar o hablar mal de los demás?
* Decía santa Joaquina: "No permitáis que ninguna niña se marche a casa enfadada". ¿Llevas a cabo este propósito con tus amigos, en casa, en el colegio?
* A los santos les interpela la pobreza. ¿Te habla a ti también? ¿Qué sientes?
* En la oración del vestido aparece la sencillez, la humildad, el amor. ¿Son joyas o ropa de moda para ti esas actitudes? ¿Por qué no están de moda hoy? ¿Quisieras que estuvieran de actualidad? ¿Qué puedes hacer tú?

Así pensaba santa Joaquina:

* "Habéis de mirar y cuidar a los prójimos como si vieseis al mismo Jesucristo en persona".
* "Confío que Dios me abrirá algún camino, pues hasta ahora nunca me ha abandonado".
* "Dios es tan bueno que da el ciento por uno. ¡Cuán agradecidos hemos de ser con aquel Señor que tanto nos ama!".

Oramos con Joaquina de Vedruna

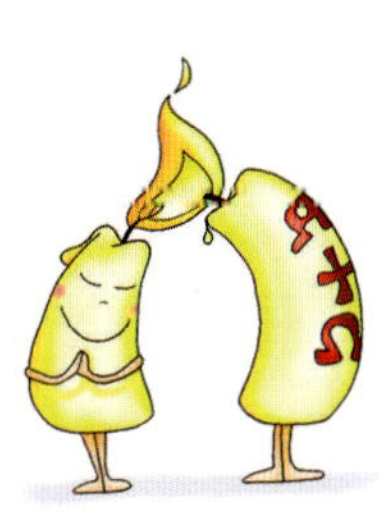

Señor,
Tú obsequiaste a Joaquina de Vedruna
con un regalo muy especial:
un vestido diseñado
según la moda de tu Corazón.
Regálanos la mejor ropa,
con la marca de tus sentimientos:
la cercanía por los enfermos
y la acogida a los más pequeños.
Tú estás en los que pasan
por el trance de la enfermedad
y en los que son como niños.
Con el cariño de Joaquina,
seamos maestros en acoger a los demás
y médicos que ofrecen
la medicina de tu ternura.

María Rafols,
la valentía de la caridad

☀ Tras las huellas del Evangelio

Pedid y se os dará, buscad y encontraréis, llamad y os abrirán; porque todo el que pide recibe, el que busca encuentra y al que llama le abren (Mt 7,7-8).

☀ ¿Quién fue la beata María Rafols Bruna?

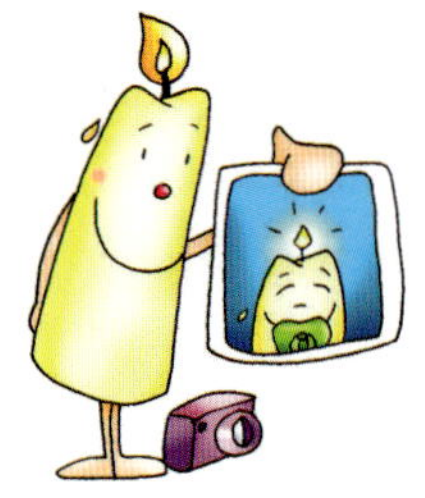

Catalana de origen, de Vilafranca del Penedès, su aventura empieza el 28 de diciembre de 1804 en Zaragoza. Es fundadora, junto al padre Juan Bonal, de las Hermanas de la Caridad de Santa Ana, cuyo carisma es el de la hospitalidad. Muere el 30 de agosto de 1853, próxima a cumplir 72 años y 49 de Hermana de la caridad. En 1908, centenario de los Sitios de Zaragoza, la capital de Aragón la proclama "Heroína de la Caridad". En 1994 fue beatificada por san Juan Pablo II. Se la considera precursora de la Cruz Roja.

☀ Escenas para recordar:
Un cántaro inagotable

El asedio se hace insoportable. Un cañonazo, otro y otro, que lanzan como si fueran cohetes de feria. Pero no es una feria. La ciudad del Ebro está sitiada y el invasor francés actúa sin misericordia. La Madre Rafols y las primeras hermanas de la Caridad atienden el Hospital de Nuestra Señora de Gracia con cientos de enfermos y heridos. Tampoco este centro sanitario, que acoge también a dementes, se libra del bombardeo y del incendio. Con la destrucción de

parte del edificio, han de ingeniárselas para trasladar a los enfermos a la Casa de la Misericordia.

La religiosa se encomienda a santa Ana:

—Ayúdame, Madre de María, a hacer algo por estos desventurados enfermos.

Los franceses cortan las acequias de agua de la ciudad para agobiar aún más a la castigada población. La Madre Rafols sale a la calle a recoger y atender a los heridos. Porta un cántaro con agua que va repartiendo a todo el que ve por el camino. El cántaro es especial. Zaragoza sin agua y la Madre Rafols distribuyéndola sin que se agote el recipiente, en medio de las balas y de las ruinas. Son los peores días del asedio y la gente recordará siempre la imagen de la religiosa con su cántaro aliviando la sed.

—Tengo sed —se lamenta un herido.

—Beba y verá cómo se siente mejor —responde la Madre Rafols.

—Es un agua muy buena —saborea otro lesionado.

A punto está de costarle la vida el reparto del agua. Otro cañonazo destroza la fachada de un edificio por donde pasa. Afortunadamente todo queda en el susto y ella se siente protegida por el Señor y por la gloriosa santa Ana. Llega incluso a privarse de su comida para repartirla a los enfermos.

La situación empeora. Cada vez más heridos y más enfermos, que rebasan los seis mil. Carecen de provisiones, víveres y alimentos. La heroína de la Caridad está dispuesta a arriesgarse y pasar al campamento francés. Comienza una epidemia de peste. No le queda otra opción. Junto a dos hermanas, va a hablar con el general Lannes. La M. Rafols se arrodilla ante él:

—Mi general, le pido por amor de Dios que me conceda algunos despojos de su matadero para poder alimentar a los heridos.

El general queda muy impresionado al ver a aquella monja con ese arranque de valentía, caridad y humildad.

Él mismo le extiende un salvoconducto para atravesar las líneas cada día y recoger a los heridos y algunos alimentos.

La religiosa sigue trabajando sin parar. Por cada hombre que sucumbe a causa de las balas, mueren cuatro por miseria o desnutrición.

Algunos comienzan a murmurar en contra de la Madre Rafols. Se preguntan cómo es posible que el invasor le conceda ayudas sin ningún tipo de información a cambio. A ella no le importan esas críticas, su único afán es ayudar a los más necesitados. Es su vocación y su vida.

En una de las visitas al general Lannes, la heroína habla con un prisionero.

—Madre Rafols, tengo mujer y siete hijos. Le ruego, por caridad, que hable con el general y consiga mi libertad. Al menor de los niños lo dejé muy enfermo. Necesitan de mi ayuda en estas terribles circunstancias —insiste el cautivo.

El hombre se echa a llorar y la religiosa le promete interceder por él ante el invasor.

—Mi general, de nuevo me dirijo a usted —la Madre Rafols se pone nuevamente de rodillas—. Le ruego que libere a un prisionero que se encuentra en una situación familiar extremadamente grave.

—Mi querida Madre, debe usted saber que soy el jefe del ejército francés y no una hermana de la Caridad. Pero para que vea que no soy de piedra y que también en Francia tuvimos grandes ejemplos, como el de san Vicente de Paúl, que nos enseñaron a amar a los pobres, le voy a conceder la gracia que me implora.

—Un millón de gracias, mi general. El Señor le bendecirá.

El general se dice para sí mismo:

—Esta mujer es increíble. No teme por su vida. Lucha con valentía por sacar adelante a los heridos, a los enfermos y a los niños. Es humilde y valiente. Creo que conocerla ha sido lo mejor que me ha pasado en esta contienda.

✹ Nos hacemos preguntas

* El cántaro de la Madre Rafols es un símbolo. Expresa qué puede significar.
* La heroína de la Caridad arriesga su vida por los heridos y enfermos. ¿Conoces ejemplos de personas que actúen así en la actualidad?
* María Rafols se acerca al general con humildad. ¿Por qué crees que atendió con tanta generosidad a la religiosa? ¿Te ha sucedido alguna vez que te hayas quedado sorprendido positivamente cuando has ido a pedirle algo a alguien que creías que te iba a decir que no?

✹ Así pensaba la beata Rafols:

* "Contemplativa en la acción: este es el estilo y el mensaje que nos deja María Rafols. Las horas de silencio y oración en la tribuna de la capilla del Hospital de Gracia de Zaragoza, se prolongan después en el servicio generoso a todos los desvalidos que allí se daban cita: enfermos, dementes, mujeres abandonadas a su suerte y niños. De este modo manifiesta que la caridad, la verdadera caridad, tiene su origen en Dios, que es amor" (Juan Pablo II en la homilía de la beatificación de la Madre Rafols).

✹ Oramos con la Madre Rafols

Ya quisiera yo, Señor,
un cántaro como el de la Madre Rafols,
que por más agua que sacara de él
nunca llegara a agotarse.
Ya quisiera yo, Señor,
unas manos como las de la Madre Rafols,
capaces de cuidar y curar a los enfermos
con ternura y amor.
Ya quisiera yo, Señor,
un corazón como el de María Rafols,
inagotable para darme a los demás
y alegre como un pájaro volador.

Juan Bosco, educar con amor

☀ Tras las huellas del Evangelio

Dejad que los niños se acerquen a mí, no se lo impidáis, porque los que son como ellos tienen a Dios por Rey. Os lo aseguro: quien no acepte el Reino de Dios como un niño, no entrará en él.

Y tomándolos en brazos, los bendecía imponiéndoles las manos (Mc 10,14-16).

☀ ¿Quién fue san Juan Bosco?

Tuvo una niñez muy dura, ya que fue huérfano de padre, pero recibe una profunda vida cristiana de su madre. Muy niño, se siente llamado por Dios, que le habla a través de sueños. Una vez ordenado sacerdote en 1841, empleó todas sus energías en la educación de los jóvenes. Es el Fundador de la Sociedad de Don Bosco, así como de las Hijas de María Auxiliadora junto a santa María Mazzarello, conocidos como salesianos y salesianas, dedicados a la educación de los jóvenes, en especial los pobres. Atrajo y sigue atrayendo a multitudes de jóvenes a Cristo. Su gran amor es María, bajo el título de Auxiliadora, a la que levanta un gran templo.

☀ Escenas para recordar: *La magia del amor*

Los niños y los mayores están boquiabiertos en el prado. Don Bosco realiza algunos juegos que los están dejando alucinados.

—Señora, por favor, mire a ver qué sale de su bolso –ordena el mago.

—¡Dios mío —se asombra la mujer—, una paloma!

El público aplaude con entusiasmo. Solo ha sido el principio. Con una gran habilidad hace volar la varita mágica sobre sus manos y saca de la boca de un chico doce bolitas coloradas.

—Caballero, ¿me presta su sombrero? —solicita nuevamente.

Y del sombrero saca un conejo.

En medio del emocionado público, sale un jovenzuelo que se lanza sobre don Bosco y le roba el animalito. Termina así la función y salen todos corriendo detrás del ladronzuelo. El chaval tiene tan mala suerte que entra en una callejuela sin salida. Un par de hombres lo atrapan y comienzan a propinarle una buena paliza. El conejo asustado salta a los brazos del mago, que se convierte en la tabla de salvación para el pobre chaval.

—¡Ya está bien! —ordena Juan—. No se educa con golpes. Dejadlo a solas conmigo.

El sacerdote comienza a curar al chaval.

—¿Cómo te llamas?

—Leonardo, padre, pero todos me llaman Leo.

—¿Dónde vives? —pregunta don Bosco.

—No tengo casa. Vivo en la calle.

—Sí tienes casa —replica el sacerdote. A partir de ahora vivirás en mi hogar con otros muchachos y con mi madre, mamá Margarita. El niño comienza a llorar. No se cree que alguien pueda acogerlo como a un hijo en su casa.

Leo aprende a leer y a escribir con Juan Bosco. El sacerdote organiza teatros y excursiones. Mamá Margarita, siempre dispuesta, prepara la comida, la ropa, se encarga de los que se caen enfermos. A su edad, no para. Por la noche madre e hijo se ponen a remendar las camisas y pantalones de los niños.

Son tiempos difíciles. A veces grupos de gente buscan a sacerdotes para insultarlos y hacerles daño. Don Bosco no queda exento de algunas agresiones, tanto en su casa como en la calle. No olvidará aquel día en que estaba con un grupo de niños dando catequesis cuando entró una bala de fusil por la ventana. Le perforó la sotana, entre el brazo y las costillas, y abrió un gran agujero en la pared. Gracias a Dios, nadie resultó herido.

Juan no es presa del miedo. Le preocupa aumentar el número de aprendices artesanos, escogidos entre los chavales más abandonados y en peligro. Esta labor suya le granjea satisfacciones gozosas. Cuando don Bosco sale a predicar fuera de Turín, a su vuelta le espera un alegre recibimiento. Decenas de muchachos del oratorio lo aclaman:

—¡Viva don Bosco, viva don Bosco!

El cochero amenaza a los chavales con el látigo, pero eso no impide que sigan gritando.

Juan los saluda desde la ventanilla y va pronunciando el nombre de cada uno.

Cuando se para el carruaje, se apelotonan tantos chiquillos a la puerta que es imposible descender. El cochero comienza a abrir paso dando pellizcos al comité de bienvenida.

—¡Pobres chiquitos, son amigos míos! —dice don Bosco al cochero.

Este se encoge de hombros y le responde:

—¿Y tiene usted esta clase de amigos? Se ve que no los conoce: son unos bribones, unos granujas, unos gandules.

Al llegar a casa, mamá Margarita tiene preparada la cena con un caldo cuyo olor sale por la ventana de la entrada. Los niños, el sacerdote y su madre dan gracias a Dios por los alimentos. Y, después, tras recoger la vajilla, se van a la capilla para dar gracias al Señor y a María Auxiliadora. Juan está especialmente feliz. Eleva su invocación favorita:

—María, auxilio de los cristianos.

Y todos responden a una sola voz:

—Ruega por nosotros.

☀ Nos hacemos preguntas

* A don Bosco no le importa que la gente piense que los niños y jóvenes que tiene recogidos son unos golfos. Hay personas que se quedan en las apariencias. ¿Sueles juzgar con rapidez a los demás por su aspecto externo?
* Para iniciar su obra, Juan pide ayuda a su madre. ¿Eres capaz de pedir colaboración a otros para llevar adelante algún proyecto? Cuenta la última vez que solicitaste ayuda para implicar a otros en una buena causa.
* Don Bosco sigue su trabajo a pesar de las amenazas. ¿Conoces casos de sacerdotes, de religiosas o de cristianos que están perseguidos en nuestro mundo de hoy?

☀ Así pensaba Juan Bosco

* "Entre vosotros jóvenes, es donde me encuentro bien".
* "Aquí hacemos consistir la santidad en estar siempre alegres".
* "Salud, sabiduría, santidad" (son las "tres eses" en las que insistía).
* "Nunca hay que decir 'no me toca', sino '¡voy yo!'".
* "La Eucaristía y la Virgen son las dos columnas que han de sostener nuestras vidas".
* "Como padres amorosos corrijamos siempre con amabilidad".
* "Por los jóvenes hemos de estar dispuestos a soportar cualquier contratiempo y fatiga".
* "Los jóvenes no solo deben ser amados, sino que deben notar que se les ama".

☀ Oramos con san Juan Bosco a María Auxiliadora

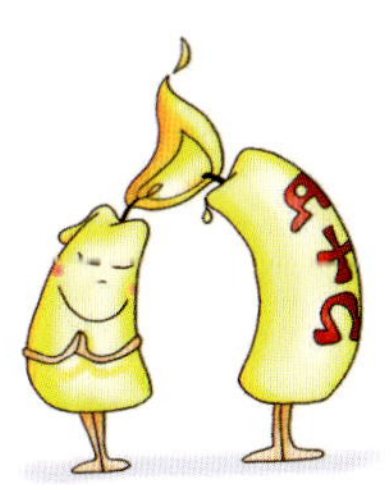

Madre Auxiliadora:
Tengo mil dificultades: ayúdame.
De los enemigos del alma: defiéndeme.
En mis desaciertos: ilumíname.
En mis dudas y penas: confórtame.
En mis soledades: acompáñame.
En mis enfermedades: fortaléceme.

Cuando me desprecien: anímame.
En las tentaciones: defiéndeme.
En las horas difíciles: consuélame.
Con tu corazón maternal: ámame.
Con tu inmenso poder: protégeme.
Y en tus brazos al expirar: recíbeme.
Amén.

Damián de Molokai,
amar hasta el extremo

☀ Tras las huellas del Evangelio

En esto se le acercó un enfermo de lepra, y se puso a suplicarle:
 —Señor, si quieres puedes limpiarme.
Extendió la mano y lo tocó diciendo:
 —¡Quiero, queda limpio! (Mt 8,2-3).

☀ ¿Quién fue san Damián de Molokai?

Religioso belga de la Congregación de los Sagrados Corazones. En 1873 se ofrece voluntario al obispo para ir a atender a los enfermos de lepra, que se hallan recluidos en la isla de Molokai, una auténtica cárcel natural. Su dedicación, cercanía y entrega van transformando el infierno de la isla en una comunidad de hermanos. Tal es su grado de implicación que él mismo termina contagiado por la terrible enfermedad. Muere víctima de la lepra en 1889, con cuarenta y nueve años de edad. En 2005 fue proclamado el belga más grande de todos los tiempos y en 2009 canonizado en Roma por Benedicto XVI.

☀ Escenas para recordar: *El arco iris y el gallinero*

Anuenue a sus doce años está afrontando ilusiones y dificultades a la vez. Le hace mucha ilusión participar en la banda de música de Kamiano –como llaman cariñosamente a Damián en hawaiano–. El misionero, ya enfermo de lepra, ha ideado la manera de elaborar unas flautas empleando latas viejas. Como al niño le falta un dedo en la mano derecha, por culpa de la lepra, no puede tapar todos los agujeros del

67

instrumento. Esto provoca que otros niños se rían de él cuando, inevitablemente, desafina.

—Niños, no me gusta que os riáis de los demás —advierte el padre Damián—. Os hacéis daño con vuestras bromas. Lo importante no es que toquemos de una manera perfecta, sino de que nos divirtamos y pasemos un buen rato juntos. No lo olvidéis. Anda, pedidle perdón a Anuenue.

Kamiano invita al niño a que lo acompañe. Quiere enseñarle algo que le va a divertir. El misionero coge un puñado de maíz y lo extiende por el suelo, cerca de su casa. Entonces da un grito peculiar. Al instante sus gallinas y varios pájaros aparecen por todas partes. Se encaraman en sus brazos y comen de sus manos. Luchan por pasearse sobre sus hombros y su cabeza. Lo cubren de caricias y de plumas.

—Padre Kamiano —lo llama el niño muerto de risa—, pareces un espantapájaros fracasado. ¡Ja, ja!

—Así me gusta, quiero verte sonreír. Debes hacer honor a tu nombre, "arco iris". El arco iris nunca es triste, siempre alegra a los demás con su colorido. No lo olvides.

—Recordaré tus palabras, Kamiano, cuando me venga la pena —responde el chaval.

—Quiero que sepas que yo aquí, con vosotros, aunque esté enfermo, me siento el misionero más feliz del mundo.

Kamiano continúa imparable, aunque la lepra lo va invadiendo poco a poco. Incansable, como cuando llegó con treinta y tres años a Molokai, sigue ejerciendo los más diversos oficios: carpintero, albañil, panadero, granjero, médico, enfermero y, sobre todo, sacerdote y amigo de los enfermos de lepra.

Damián viaja a Honolulu a probar un nuevo tratamiento contra la enfermedad. La separación de sus enfermos, a las dos semanas de su partida, se le hace imposible:

—No, no quiero recuperar la salud, si mi partida de la isla y el abandono de mis trabajos tuvieran que ser el precio que he de pagar.

Regresa de nuevo a Molokai en el vapor, con ganas de reunirse con sus hermanos enfermos. Allí encuentra al capitán, el mismo que le había prohibido subir a bordo para poder recibir el sacramento del perdón. Ahora la actitud del marino ha cambiado.

—Padre, he pensado que quizá le gustaría tomarse algo conmigo.

—¿Olvida —le dice Damián— que soy un enfermo de lepra?

—No me importa. Llevo años dándole vueltas a la escena de su confesión, gritando sus pecados desde una barca para que le dieran la absolución. Es usted el hombre más valiente que he conocido. ¿Podrá perdonarme alguna vez? —solicita el capitán.

—Por supuesto, capitán. Ese perdón está ya concedido —responde Damián generoso.

Ambos inician una animada conversación. El capitán le declara que, sin ser un hombre excesivamente creyente, la historia de su entrega en Molokai le ha tocado el alma.

—Creemos que tenemos el control de todo —afirma el marino—, pero no, padre, hay alguien que está por encima de nosotros y que permite que acciones tan heroicas como la suya sean posibles, ¿me comprende?

Llega la medianoche, suenan las campanadas y se relevan los marineros en sus posiciones, en un sencillo ceremonial marítimo. El sacerdote le ofrece al capitán la clave de su vida:

—Sin el Santísimo Sacramento, una situación como la mía sería imposible. Pero teniendo a mi amigo Jesús cerca de mí, estoy siempre alegre y trabajo con pasión por la felicidad de mis leprosos.

La conversación tranquila no se interrumpe hasta el alba. Así es Damián, por encima de todo, misionero del amor de Dios.

* Los niños se reían de Anuenue porque desafinaba al faltarle un dedo. ¿Cómo reaccionas con las personas que tienen algún defecto físico o psíquico?
* Damián está más preocupado por los enfermos de Molokai que por su propia enfermedad. ¿Te has olvidado alguna vez de algún problema que tuvieras por interesarte por alguien que lo estuviera pasando mal? Cuéntalo.
* Kamiano perdona al capitán de corazón y entabla con él una animosa conversación. ¿Eres capaz de perdonar a alguien con esa actitud generosa de Damián?
* Para Damián el sacramento del perdón fue muy importante. ¿Y para ti?
* Para el santo misionero la eucaristía fue la fuerza que le permitió entregarse en la isla maldita. ¿Valoras la eucaristía como el sacramento que nos alimenta y nos hace crecer en el amor?

☀ Así pensaba el padre Damián

* "Durante la semana visito a mis numerosos enfermos y me ocupo de mis huérfanos, todos ellos leprosos. Resulta a veces un tanto desagradable estar siempre rodeado de estos desgraciados niños, pero también encuentro en ello consuelo. Aprenden bien el catecismo, asisten cada mañana a misa y al rosario por la tarde. Puesto que ahora soy un poco médico al igual que mi santo patrón, con la ayuda de Dios intento dulcificar y aliviar sus terribles sufrimientos y llevarlos así por el camino de la salvación".
* "Aunque me ofrecierais cien mil dólares, no me quedaría aquí ni cinco minutos en Molokai. Solo Dios y la salvación de las almas me retienen aquí".

☀ Oramos con san Damián

Damián, hermano de llamada y de camino,
misionero feliz y generoso,
que amaste el Evangelio más que tu vida,
y por amor a Jesús dejaste tu familia
y tu país,
tus seguridades y tus sueños propios.
Enséñanos a dar la vida con tu gozo,
a ser enfermos con los enfermos de hoy,

a celebrar y contemplar la eucaristía
como la fuente de
nuestra propia entrega.
Ayúdanos a amar hasta el extremo,
y a perseverar, por la fuerza del Espíritu,
en la compasión con los pobres y olvidados
para ser buenos discípulos de Jesús
y de María.

Rafaela María,
la humildad hecha carne

☀ Tras las huellas del Evangelio

Todo el que se encumbra será humillado y el que se humilla será encumbrado (Lc 18,14).

☀ ¿Quién fue santa Rafaela María?

Rafaela Porras y Ayllón nació en Pedro Abad (Córdoba) en 1850. Funda con su hermana Dolores la Congregación de Esclavas del Sagrado Corazón de Jesús. Siendo Superiora General surgen una serie de desconfianzas y graves dificultades que la movieron a renunciar a favor de su hermana Dolores. Durante 30 años permaneció en el aislamiento, en Roma, realizando duros trabajos y sufriendo pacientemente terribles humillaciones. Su consuelo fue rezar delante del Santísimo. Fue canonizada por Pablo VI en 1977. El 20 de enero de 2010 Benedicto XVI bendijo una escultura de la santa en El Vaticano.

☀ Escenas para recordar: *Atraco a una monja en Roma*

Los operarios están colocando una escultura de santa Rafaela María en una hornacina de la fachada externa de la Basílica de San Pedro.

—¡Cuidado, Francesco, desciende a la santa con suavidad, que va a chocar con el pedestal! –grita el encargado del traslado.

Han necesitado la ayuda de una grúa y una gran dosis de esfuerzo, para colocar la colosal imagen, que mide cinco metros y medio de altura y pesa sesenta toneladas de mármol de carrara. Representa a Rafaela con una niña a sus pies, símbolo de su obra educativa.

71

Benedicto XVI llega en coche para bendecir la imagen, en una sencilla ceremonia en la que están presentes un numeroso grupo de religiosas esclavas, cincuenta familiares de la santa e incluso el alcalde de su pueblo natal, embajadores y otras autoridades. Suena la coral filarmónica de Roma. Después el Papa dirige unas palabras a los asistentes:

—Sed testigos del amor misericordioso de Dios, como santa Rafaela María.

Inés, una religiosa española, se emociona al ver a su Fundadora en un lugar tan emblemático. Y, al mismo tiempo, siente una gran pena por la soledad en la que vivió Rafaela los últimos treinta años de su vida, aislada en una comunidad de Roma.

—¡Qué contraste! Una mujer tan humilde, tan humillada y ahora aquí en este pedestal.

La hermana Carmen está junto a Inés. Ve que esta no puede contener las lágrimas. Cuando termina el acto, se acerca a ella y la invita a dar un paseo por la Plaza de San Pedro.

—Mira, Inés, a veces la vida la hacemos así de complicada. Santa Rafaela fue capaz de renunciar a su cargo como Superiora General de la Congregación, para que las demás hermanas no vieran la división que existía con su hermana, fundadora como ella de nuestra familia religiosa.

—Fue una mujer con una generosidad sin límites —sentencia Inés—. ¿Quién en su lugar hubiera renunciado a un cargo tan importante para convertirse en pinche de cocina?

—Bueno, mujer, lo de pinche no está tan mal —concluye Carmen queriendo quitar hierro al asunto—. Además, ¿no decía santa Teresa que en los pucheros anda el Señor? A mí me gusta mucho una frase que Rafaela solía repetir: "Amar y más amar. El amor todo lo vence".

—Es verdad, aunque llegaron incluso a decir que estaba loca, ella seguía rezando en un rinconcito de la capilla y ayudaba a las hermanas en las pequeñas cosas de la casa. Nunca dejó que ninguna se agobiara por nada, si ella podía echarles una manita.

Salían ya de la Plaza, para acercarse al autobús. En ese momento, un par de jóvenes en moto le han dado un tirón en el bolso a Inés. La han tirado y ha ido a parar a un charco.

—¡Menudo remojón que me han dado! Ahora sin documentación, ni móvil, ni dinero, puedo considerarme una mujer sin papeles.

—Me asombra el humor con que te has tomado el incidente. Vamos a la comisaría —remata Carmen.

Desde un coche con cristales ahumados, el Papa que ha dado una vuelta tras la bendición, ha visto lo que ha sucedido. Pide a su secretario personal que se acerque a las dos religiosas y las invita a subir al vehículo. Ambas se quedan más tiesas que el mármol de carrara cuando ven al Santo Padre allí.

—Hermanas, no se preocupen. Hoy es un día para estar felices. Vengan con nosotros y almorcemos. Me gustaría seguir charlando con ustedes sobre santa Rafaela.

—Santidad, para nosotras es un honor muy grande —responde Carmen.

Ya en las dependencias papales, las dos religiosas, el secretario y el Papa se disponen a bendecir la mesa. Luego, sirven unos deliciosos espaguetis.

—Sé que Rafaela murió el día de la Epifanía. Parece que los Magos de Oriente vinieron a por ella y le concedieron el regalo más grande que ella deseaba: estar con Jesús.

—Yo creo que el Señor siempre la cuidó —interviene Inés—, por eso su muerte fue tan tranquila. En su oración sentía que Jesús la miraba y ella le miraba a Él.

—Pues ya sabéis, queridas hermanas, ahora os toca a vosotras seguir la herencia de esta gran mujer. Por cierto, la estatua es colosal. Me he quedado sorprendido. Pienso que más grande aún es el ejemplo que nos ha dejado la santa. Y no te preocupes por el bolso, Inés —aconseja el Papa—, a Rafaela se lo quitaron todo y se dedicó a servir y amar.

☀ Nos hacemos preguntas

* ¿Cómo consideras que puede resultar estar en un cargo de alta responsabilidad y en breve pasar a un humilde trabajo? ¿Te ha sucedido alguna vez que hayas sido muy valorado y, de repente, recibas críticas o te dejen arrinconado? Cuéntalo.
* ¿Qué hubieras hecho en el lugar de santa Rafaela?
* ¿Cuál es la enseñanza que destacarías de la vida de la santa?

☀ Así pensaba santa Rafaela María: *Algunos propósitos tras unos Ejercicios Espirituales*

* Ver la imagen de Dios en todas.
* Fijarme más en lo bueno de las personas que en lo malo que les aparezca por fuerza.
* Ser muy mirada en las palabras y no contestar precipitadamente.
* Exponer la verdad con tranquilidad y paz.
* Hablar con las Hermanas y escuchar con atención lo que me dicen.
* No excusarme de lo que se diga de mí sin razón.
* No entristecerme por nada.
* Alegrarme mucho del bien espiritual y corporal de las demás. Hablar bien de estos dones y hacer un acto de acción de gracias por ellos.
* Nunca darle importancia a imaginaciones.
* Siempre reanimar con mis palabras.

☀ Oramos con santa Rafaela:

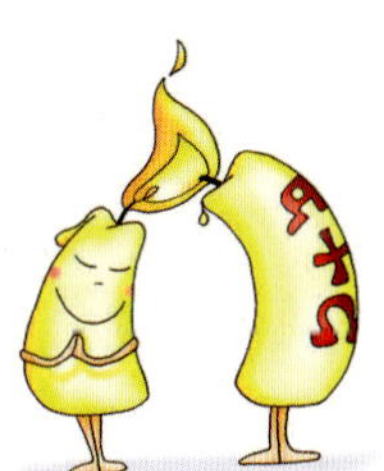

Tú quieres, Señor,
que no demos excesivo bombo y platillo
a las cosas que hacemos,
sino que actuemos calladamente y con humildad,
como santa Rafaela María.
Miraremos lo positivo que reluce en los que nos rodean,
miraremos las cosas buenas que hay en nosotros mismos,
Pero siempre consideraremos
que lo esencial de nuestra vida es amar y más amar.
El amor todo lo vence.
No nos cansaremos de pedir este amor.

"El Pelé",
la honradez de un gitano mártir

☀ Tras las huellas del Evangelio

Dichosos vosotros cuando os insulten, os persigan y os calumnien de cualquier modo por mi causa. Estad alegres y contentos, que Dios os va a dar una gran recompensa; porque lo mismo persiguieron a los profetas que os han precedido (Mt 5,11-12).

☀ ¿Quién fue el beato Ceferino Giménez Malla?

Conocido como El Pelé, nació en Benavent de Segriá (Lérida) en 1861. No sabía leer ni escribir, pero quería mucho a Dios y a la Virgen. Se dedica a la compraventa de caballerías por las ferias de la zona. La eucaristía es lo más importante para él. Lo fusilan por defender a un sacerdote y por llevar un rosario en la tapia del cementerio de Barbastro en 1936. Fue beatificado por san Juan Pablo II en 1997.

☀ Escenas para recordar: *Un gitano de ley*

Como cada mañana, Ceferino se despide de Teresa y de Pepita, la niña que han adoptado.

—Me voy a la feria de Vendrell a ver si vendo unas mulas. Cuando regrese quiero ayudar al señor Manuel, que tiene el techo de la casa con varias filtraciones. A ver si le compramos unas tejas y se lo arreglamos, no sea que vengan las aguas del invierno y se le caiga encima –apostilla el Pelé.

Pepita, que es una niña despierta y espabilada está aprendiendo a tocar el piano. Sale corriendo y le da un beso a su padre.

75

El Pelé dedicó los mejores años de su vida a la profesión de tratante, experto en la compraventa de caballerías, sobre todo de mulas. Fue uno de esos profesionales que sabía de bestias lo suyo. Con su oficio sembró fama de hombre bueno, leal para con sus clientes, incapaz de engañar a nadie. Trataba de la misma manera justa a payos y a gitanos, siendo un buen mediador de los conflictos que surgían entre ellos.

—Pelé, ¿esa mula torda es tuya? —le pregunta un payo.

—Sí, se llama Gacela —responde Ceferino.

—Pues me la tienes que vender para un pariente mío, que quiere una torda para su hijo. Ponle el precio que quieras que con un gitano de ley como tú, los tratos, tratos cerrados son —suplica el comprador.

Los dos hombres cierran el trato y se van a tomar unos vinitos a un bar situado en la esquina de la plaza mayor de Vendrell. Allí están cantando con su guitarra y su arte un par de gitanos:

—Gitano, ¿por qué vas preso?
—Señor, por cosa ninguna;
porque he cogido una rama
y detrás se vino una mula.

Caminito de Monzón
preso llevan a un gitano,
porque se encontró una capa
antes de perderla el amo.

Ceferino se ríe con la letra de la canción. Lo que no se puede figurar es que, al cuarto de hora, se presente por allí la guardia civil para conducirlo a la cárcel. Lo han acusado injustamente de haber robado unas mulas. Al Pelé se le echa el mundo encima; con lo honrado que es, un hecho de esa calaña no se le pasa ni por la mente.

Tres meses está en la cárcel de Valls. Luego, en el juicio que le sigue a la reclusión, el abogado que lo defendía dijo:

—El Pelé no es un ladrón, es san Ceferino, patrón de los gitanos.

Finalmente, como no podía ser menos, sale absuelto.

Ceferino se marcha por las tardes a la cercanía de la ermita de san Ramón. Lleva consigo a los chavales que encuentra en el camino o a los que están acogidos en el asilo de las monjas. Les da catequesis, juntos ensayan canciones y reparte chocolate con pan. También les enseña buenos consejos:

—A ver niños, tiene que quedaros claro que eso de matar a los pajarillos, pisar los agujeros de los hormigueros y pegarse unos a otros no está nada bien —observa el catequista.

—Pero, Pelé, ¡es que es muy divertido! —contesta un niño con una sonrisa.

Y el buen hombre, con cosas que escucha a su párroco y otras que le suenan de alguna conferencia, prosigue su enseñanza:

—Tenéis que ser buenos, porque somos los "huesitos de Dios", somos parte de un gran cuerpo, que es la Iglesia.

Cuando estalla la guerra civil española tiene setenta y cinco años de edad. Estando en la puerta del ayuntamiento de su pueblo es testigo de una evidente injusticia. Varios hombres armados propinan una paliza a un joven sacerdote indefenso. Inmediatamente se va hacia ellos para defender al clérigo. Por este acto, fue a dar de nuevo con el calabozo. En la chaqueta le encontraron los guardias un rosario. Uno de los cabecillas, que lo quería salvar le recomienda:

—Pelé, deja ese rosario y esas tonterías con tus fanatismos y yo te saco de aquí.

—Gracias, pero yo moriré con mi rosario.

Y días después fue fusilado junto a las tapias del cementerio de Barbastro con el rosario en la mano. Eran las tres de la mañana. A esa hora todos los caballos, mulos y burros del lugar comenzaron a relinchar o a rebuznar según su condición, en honor de aquel hombre bueno y justo.

☀ Nos hacemos preguntas

* ¿Has juzgado alguna vez a alguien por ser de una raza o religión distinta de la tuya?
* "El Pelé" es un ejemplo de buena convivencia entre personas de diferente raza. ¿Eres amigo de otros niños que son distintos a ti? ¿Has discriminado alguna vez a algún compañero por considerarlo inferior a ti? Cuéntalo.
* La honradez es un valor que va con la persona. Se puede ser payo, gitano o africano honrado o no honrado, indistintamente de nuestra procedencia. ¿Qué crees que es fundamental para que una persona sea honrada? ¿Te consideras alguien honrado?
* ¿Piensas que ser cristiano ayuda a ser honrado? ¿Por qué?

☀ Así pensaba Ceferino Giménez

* "El beato Ceferino Giménez Malla supo sembrar concordia y solidaridad entre los suyos, mediando también en los conflictos que a veces empañan las relaciones entre payos y gitanos, demostrando que la caridad de Cristo no conoce límites de razas ni culturas. Hoy El Pelé intercede por todos ante el Padre común, y la Iglesia lo propone como modelo a seguir y muestra significativa de la universal vocación a la santidad, especialmente para los gitanos, que tienen con él estrechos vínculos culturales y étnicos" (Juan Pablo II en la homilía de la misa de la beatificación).

☀ Oramos con *El Pelé* a María

Jesús, ¡bendito el vientre que te llevó
y los pechos que te amamantaron!
Majarí Calí, no olvides de contarle a Jesús
cosas buenas de nosotros.
Majarí Calí, muestra que eres nuestra Madre.
Majarí Calí, nos unimos con alegría
a todos los pueblos y generaciones
para llamarte: "Bendita entre todas las mujeres".

Fray Leopoldo,
el milagro de compartir

☀ Tras las huellas del Evangelio

—Estamos en despoblado y ya ha pasado la hora; despide a la multitud, que vayan a las aldeas y se compren comida.

Jesús les contestó:

—No necesitan ir; dadles vosotros de comer (Mt 14,15-16).

☀ ¿Quién fue fray Leopoldo de Alpandeire?

Nació en 1864 de una familia de humildes campesinos en Alpandeire (Málaga). Fue un joven muy trabajador y de buen corazón, que sintió la llamada de Jesús a seguirle. Dejó a su novia para servir a Dios en la orden de los frailes capuchinos. Vivió siempre la alegría de haber respondido que sí al Señor. Tuvo como modelo de seguidor de Jesús al beato Diego José de Cádiz. Realizó trabajos sencillos y humildes de la vida diaria como pelar patatas ayudando en la cocina, barrer los claustros del convento, atender la portería o pedir limosna. Beatificado en septiembre de 2010 en Granada.

☀ Escenas para recordar: *Por las calles y por los campos*

Durante cincuenta años fray Leopoldo recorrió las calles de Granada pidiendo limosna para sostener a su comunidad de religiosos y a los pobres que acudían al convento. Los capuchinos han de vivir de su trabajo y, cuando no les llega para el sustento, han de recurrir a solicitar ayuda de puerta en puerta. Este penoso oficio

lo ejercía fray Leopoldo con humildad y predicando con el silencio de su ejemplo elocuente. En una ocasión le acompañaba el joven Fray Julián de Alfacar. Iban a pedir en un piso, pero el anciano fraile le sugiere que pase de largo.

—Pero, ¿cómo vamos a pasar de largo, fray Leopoldo? –pregunta extrañado fray Julián.

—Mire, hermano, están pidiendo en ese lugar unos pobres. Si nos presentamos nosotros, puede que les den a ellos menos limosna o que los despidan para dárnosla a nosotros. ¡Esos pobrecitos tienen menos que nosotros! –exclamó el fraile de Alpandeire.

Poseía fray Leopoldo un talento especial para aconsejar al prójimo. Con breves frases solía iluminar a cualquiera que tuviera un problema.

—No se debe pensar mal de nadie – sugería el anciano religioso.

Repartía pan a los pobres y, en ocasiones, personas que no eran de esta condición se mezclaban con los necesitados para que el santo capuchino les diera una hogaza tocada por sus manos.

Sufrió en numerosas ocasiones insultos, risas e incluso le arrojaron piedras cuando iba de un lugar a otro solicitando limosna y rezando sus tres avemarías por aquellos con los que se tropezaba.

En época de siembra, fray Leopoldo iba pidiendo por los campos de la Alpujarra. Un joven agricultor se dirigió de este modo al limosnero:

—¡Eh, tú, frailuco, ven acá! Vas a enterarte de lo que es bueno. ¡A ver cómo te las apañas con este arado!

Fray Leopoldo, rodeado de campesinos que querían ver su reacción, se despojó de su manto y de sus alforjas, y les respondió:

—Yo entiendo algo de esto. En mi juventud aré bastante en mi pueblo.

Y, efectivamente, dejó atontados a los espectadores, demostrando con unos cuantos surcos el dominio de la tierra y de la yunta de mulas. Aprovechó para hablarles con sencillez del evangelio y de la vida cristiana. El joven tomó un gran aprecio al enjuto frailecillo.

En otra ocasión, iba por un camino de tierra con la cesta llena de trigo. Solía pasar el día entero pidiendo comida y repartiéndola a los necesitados, ya que había mucha hambre en aquellos días. Al atardecer se acordó de los frailes que estaban esperándole en el convento. Como ellos tenían vergüenza de pedir, dependían de él para comer. Así que el buen frailecillo no sabía qué hacer. Corría para el convento muy preocupado con unos pocos granos que no daban para alimentar a un pájaro. Sin embargo, cuando se abre la puerta del convento, siente la mochila muy pesada, pues se había llenado milagrosamente de pan.

Y cuando surgían hostilidades y le interrogaban sobre el fin de su trabajo como limosnero, ¿cómo reaccionaba fray Leopoldo? Lo expresa muy bien una anécdota que le sucedió con un rico de un pueblo.

—Pido por amor de Dios –solía repetir–. Es una necesidad sostener el trabajo evangelizador de nuestra orden y las misiones. Y es un bien para los que me socorren porque así cumplen el mandamiento del amor al prójimo necesitado. Se hacen bien a sí mismos, porque Dios es el mejor pagador –explicaba fray Leopoldo.

—¡Bah, tonterías! Los frailes lo que hacen es vivir del cuento. Pero, mire, le voy a dar un duro de plata, pero no se lo doy por amor de Dios, sino porque me da la gana –respondió el rico hacendado.

—Quédese usted con su dinero, que yo no recibo nada si no es por amor de Dios –respondió el fraile.

Pasaba por allí un hombre montado en su burro y le ofreció habas y guisantes por el amor de Dios. Fray Leopoldo los admitió con gusto y le prometió al jinete que el Señor se lo pagaría con creces.

✳ Nos hacemos preguntas

* El saber aconsejar es un don. ¿Recuerdas alguna ocasión en la que hayas sido aconsejado? Cuéntalo. ¿Diste las gracias después por haber recibido ese consejo?
* ¿Y tú? ¿Has dado alguna vez un buen consejo? Relátalo.
* A pesar de ser bueno y solo hacer el bien, a fray Leopoldo trataban de ridiculizarlo, de reírse de él. ¿Qué opinas de la reacción de fray Leopoldo?
* Hay veces en las que algunas personas ridiculizan a los demás. ¿Qué haces en esas ocasiones? ¿Cuál es tu reacción?

✳ Así pensaba fray Leopoldo:

* "Ya sabes; siempre que pase por aquí, estoy dispuesto a echarte una mano".
* "Hermano, no hay que tener miedo. Vamos por donde el Señor nos lleva".
* "Dios me envía a todas las casas".

✳ Oramos con fray Leopoldo

Señor, qué importante es aconsejar con sencillez al prójimo.
No hacen falta grandes discursos para mostrar tu camino,
simplemente estar atentos a tu Palabra
y tener nuestro corazón conectado con el tuyo.
Como fray Leopoldo,
queremos vivir más unidos
a los que sufren y pasan necesidad.
Danos la capacidad de hacer bien nuestras rutinas de cada día,
hallando en nuestro trabajo una manera hermosa de alabarte
y de colaborar humildemente contigo en tu obra creadora.

Josefina Bakhita,
de esclava a hermana

☀ Tras las huellas del Evangelio

Le entregaron el volumen del profeta Isaías y, desenrollándolo, encontró el pasaje donde está escrito:

"El Espíritu del Señor está sobre mí, porque él me ha ungido para que dé la buena noticia a los pobres. Me ha enviado para anunciar la libertad a los cautivos y la vista a los ciegos, para poner en libertad a los oprimidos, para proclamar el año de gracia del Señor" (Lc 4,17-19).

☀ ¿Quién fue santa Josefina Bakhita?

Nació en Sudán hacia 1869 aproximadamente. A los nueve años unos hombres la secuestraron y la vendieron como esclava. Pasó por diferentes amos, que la hacían trabajar sin descanso. Vivió grandes sufrimientos hasta que fue regalada a una familia en Venecia (Italia). Bakhita logra la libertad y quiere dar sentido a su vida. Conoce a unas religiosas que le hablan de Cristo. Fue muy feliz el día de su bautismo, porque tras tantas cadenas y penas, dijo: "¡Aquí llego a convertirme en una de las hijas de Dios!". Durante los cincuenta años siguientes fue una monja que trabajó limpiando, cocinando y cuidando a los más pobres.

☀ Escenas para recordar: *Una monja con tatuaje*

La portería del convento de las Hermanas Canosianas es, con frecuencia, un mar de lágrimas. Allí se despiden los padres de sus hijas al comenzar el noviciado en esta congregación religiosa. La hermana portera es africana, se llama Josefina Bakhita. No pasa desapercibida no solo por el color de su piel, sino más bien por su actitud de acogida y consuelo a las familias:

—No se preocupen, ya verá lo feliz que va a ser su hija. Se lo digo yo que, después de tantos años, no cambiaría esta vida por nada del mundo.

Las novicias empatizan rápidamente con la sencilla portera. Aprovechan cualquier ocasión para preguntarle cosas sobre su pasado. Blanca, la última novicia en entrar, está muerta de curiosidad por conocer anécdotas de la cautividad de Bakhita en Sudán. La maestra de novicias le ha pedido que vaya a la portería a comunicarle a Josefina que va a llegar un paquete que espera con urgencia. Además de darle el recado, le pregunta:

—¿Es verdad, sor Bakhita, que tienes un tatuaje?

—¡Ay, no me lo recuerdes! ¡Qué doloroso fue aquello! —se lamenta la monja morenita.

—¿Te hicieron mucho daño? —insiste la indiscreta novicia.

—Hermana Blanca, aquello fue una operación a sangre fría —recuerda estremeciéndose Bakhita—. Me dejaron ciento catorce cicatrices visibles en el cuerpo. Y para evitar infecciones me colocaban sal y me restregaban las heridas en carne viva. Creía que me iba a morir.

—¡Dios santo! Perdóname —se disculpa la novicia—, no he de ser tan entrometida. Desde luego, ¡qué valor has tenido en la vida, hermana!

Con motivo de la fiesta de santa Magdalena de Canosa, fundadora de la Congregación, las hermanas han celebrado una eucaristía especial y por la tarde han organizado una merienda. Están todas la religiosas en el patio del convento. La superiora, que tiene un gran aprecio por Bakhita, le lanza la siguiente cuestión:

—Sor Josefina, ¿tendría la caridad de compartir con nosotras cuál ha sido el momento más importante de su existencia?

En ese instante Josefina se ruboriza y da gracias a Dios de que el color de su piel no revele tal aprieto. La que sí se ha puesto roja es la hermana Blanca, pues estalla en curiosidad por saber más datos del pasado de la religiosa africana.

—Después de haber sido esclava con cinco amos diferentes, de haber sufrido tanto que olvidé mi nombre y mi año de nacimiento —confiesa Bakhita—, de haber sido arrancada de mi familia con nueve años, de haber recibido tantos latigazos…, puedo decir que nada es comparable con el hecho de haber conocido a Jesucristo, mi Señor, y haber sido bautizada.

Toda la comunidad la escucha atentamente. La superiora le pide que cuente cómo fue el rapto.

—Paseaba con una amiga por el campo —comienza Josefina—, cuando dos hombres extranjeros me pidieron que les trajese fruta del bosque. Sin sospechar nada obedecí, como siempre hacía. A mi amiga le pidieron que continuara caminando, que ya le daríamos alcance. Cuando estaba cogiendo la fruta, uno de ellos me agarró fuertemente y el otro sacó un cuchillo con el que me amenazó. Recuerdo perfectamente sus palabras: "Si gritas, morirás. ¡Síguenos!". Y fui forzada a caminar durante varios días. Era mi despedida para siempre de mi familia y de mi pueblo.

Después de las palabras de la religiosa africana, se hace un gran silencio. Las novicias y el resto de hermanas están impactadas. Aquella mujer, tantos años esclava, les había dado la mejor lección de esperanza y valentía de su noviciado. Como el ambiente se había puesto un tanto emotivo, Bakhita se dirige a las novicias:

—Mis jóvenes hermanas, fiaos siempre del Patrón, que es el mejor amo del mundo.

Y las novicias comienzan a reír, pues de sobra sabe Josefina que estas sonríen cada vez que ella se dirige a Dios llamándolo de esa manera con acento africano.

✸ Nos hacemos preguntas

* ¿Eres consciente de que hoy día sigue habiendo esclavos y esclavitud infantil en nuestro mundo? Infórmate de esta realidad y, a través de algún grupo de misiones o de alguna ONG, intenta implicarte en hacer presión para que desaparezca este gran estigma de la humanidad.
* Pero quizá más cerca de ti, atisbes otro tipo de esclavitud: los enganches a vídeojuegos, las marcas, el tener, el culto al dinero, etc. ¿Ves a tu alrededor que hay gente "enganchada" a este tipo de esclavitudes? ¿Qué se te ocurre para "liberarlos" de las mismas?
* A veces parece que vivimos como si todo el mundo tuviera que estar a nuestro servicio, o con la necesidad de conseguir inmediatamente tal capricho. Para ello, pedimos, exigimos… Cuenta si alguna vez has demandado cosas con esa pretensión. ¿Te parece que está bien o que está mal ser tan exigente? ¿Piensas que puedes cambiar en futuras ocasiones?
* Para Bakhita lo más grande de su vida fue sentirse hija de Dios en el bautismo. ¿Valoras tu ser cristiano, sentir la huella de Dios en tu vida? ¿En qué se nota que eres cristiano?

✸ Así pensaba Josefina Bakhita

* "Si volviese a encontrar a aquellos negreros que me raptaron y torturaron, me arrodillaría para besar sus manos porque, si no hubiese sucedido esto, ahora no sería cristiana y religiosa".
* "Cuando una persona ama a otra con mucho cariño, desea con fuerza estar cerca de ella: por tanto, ¿por qué temer la muerte? ¡La muerte nos lleva a Dios!".
* "Viendo el sol, la luna y las estrellas, decía dentro de mí: ¿Quién será el Dueño de estas bellas cosas? Y sentía grandes deseos de verle, de conocerle y de rendirle homenaje".

✸ Oramos con santa Josefina Bakhita

Quiero ser libre, Señor.
Libre de la moda,
libre de mil tecnologías,
libre de mis conveniencias,
libre del dinero,
libre de mis comodidades,
libre de envidias,
libre de rencores,
libre de relaciones superficiales.
Quiero ser libre para amar.

Quiero sentir que, junto a Ti,
no hay cadenas ni agobios,
no hay sueños imposibles.
Tu amor es la libertad.
No quiero cicatrices de egoísmo
en mi cuerpo.
No quiero cicatrices de insolidaridad
en mi alma.
Como Bakhita quiero ser libre
para amar.

Teresa de Lisieux,
el "caminito" del Amor

☀ Tras las huellas del Evangelio

Bendito seas, Padre, Señor de cielo y tierra, porque has escondido estas cosas a los sabios y entendidos y se las has revelado a la gente sencilla. Sí, Padre, así te ha parecido mejor (Mt 11,25-26).

☀ ¿Quién fue santa Teresa de Lisieux?

Nació en Alenzón (Francia) en 1873. Sus padres son un modelo de cristianos (fueron beatificados en 2008). Ingresa muy joven en  el Carmelo de Lisieux, con el nombre de Teresa del Niño Jesús. Por encargo de su superiora escribe sus experiencias con Jesús en *Historia de un alma*. Desde junio de 1895 hasta su muerte transcurrieron 27 meses con un terrible dolor. Llegará a confesar, al final de sus días, que nunca pensó que fuera capaz de sufrir tanto como lo hizo. Fue canonizada por Pío XI en 1925 y, más tarde, declarada patrona de las Misiones, junto a san Francisco Javier.

☀ Escenas para recordar: *Una lluvia de pétalos*

Teresa sueña. Miles de pétalos de rosa caen como una lluvia continua sobre ella. El olor tan intenso la eleva y comienza a volar, como la paloma del arca de Noé, con unas alas blancas y fuertes, acompañada por la nube de pétalos que van cayendo tras de sí. Pasa por Roma, Jerusalén, Calcuta, Pekín, Tokio, Caracas, Buenos Aires, Kinshasa…

El mundo entero se viste de flor. La belleza cubre a la humanidad. Por unos momentos no existe miseria ni dolor.

Suena la campana. Es hora de despertarse. En la pequeña celda del monasterio, la monja contempla el amanecer desde el ventanuco. No hay rastro de pétalos, pero en su interior siente un gran amor. Quiere poner toda su confianza en el Señor, incluso en las cosas más pequeñas y costosas del día a día.

—Quiero recorrer el "caminito" –dice en su oración– que me conduzca hacia ti, Jesús. Muéstramelo. Y si es tu voluntad que te sirva en algún convento del Tercer Mundo, allí me encaminaré.

La débil salud de Teresa la imposibilita ir a las misiones, aunque mantendrá una relación epistolar con varios misioneros. El "caminito", como a ella le gusta llamarlo, está más cerca y su oración estará siempre conectada con las necesidades de los misioneros.

Una oportunidad estupenda para caminar se la puso por delante sor San Pedro, una monja mayor, con dificultad para moverse de manera autónoma y un tanto gruñona. Teresa pensó que podía ofrecerse voluntariamente para echarle una mano a la enferma, aunque le costó, porque no era fácil contentarla.

Había que ir detrás de la anciana, sosteniéndola por la cintura. Teresa lo hacía con toda la suavidad posible. Solía suceder que si la veterana religiosa daba un paso en falso, ya le parecía que la sostenía mal y que se iba a caer.

—¡Dios mío, vas demasiado deprisa, voy a romperme la crisma!

Si, en cambio, iba más despacio, la otra la recriminaba:

—¡Pero sígueme, no siento tu mano, me has soltado, me voy a caer! Ya decía yo que tú eras demasiado joven para acompañarme.

Al llegar al refectorio, la ayuda a sentarse con sumo cuidado. Teresa nota que sor San Pedro, con sus manos deformadas, no puede partir el pan. Así que, sin pedírselo, ella se encarga todos los días de prepararle el pan y el resto de los alimentos. Esto emociona a la monja achacosa. Y, sobre todo, queda encantada porque la joven religiosa la despide siempre con una gran sonrisa.

—Jesús, quiero seguir el camino –le comunica Teresa en la oración–. Me encantaría encontrar un ascensor para elevarme hacia ti. Soy demasiado pequeña para subir por la dura escalera de las pruebas de cada día.

Otra oportunidad para avanzar en la dura senda la encontró en otra hermana cuyos modales y carácter le resultaban sumamente desagradables. Para superar esa aversión natural, Teresa se esforzó en comportarse con esa religiosa como con la persona que más quería en el mundo. Además, era una hermana con la que tenía que tratar bastante, ya que ambas ejercían el mismo oficio. En una ocasión esta le dijo a Teresa:

—¿Quieres decirme, hermana Teresa del Niño Jesús, qué es lo que te atrae tanto en mí? Siempre que me miras, te veo sonreír.

—Sonrío, porque me alegra verla, hermana.

Lo que atraía a Teresa era Jesús, escondido en el fondo del alma de su compañera.

El "caminito" continúa, ahora revestido de enfermedad. Teresa comienza a debilitarse. Llega el momento del dolor y la prueba, de la noche y la oscuridad. Solo puede pensar en que Jesús la ama y eso es lo que dice precisamente en sus últimas palabras:

—Señor, te amo.

En ese momento comienza a caer una lluvia de pétalos de rosa sobre el convento. Las monjas salen al jardín y se quedan admiradas con la visión de nubes de flores que descargan su belleza en el Carmelo de Lisieux. Así ha sido la vida de Teresa, una bendición, un camino para alcanzar a Jesús.

 Nos hacemos preguntas

* ¿Eres capaz de ofrecerte voluntario para ayudar a personas que, en principio, no te caen bien? ¿Conoces a alguna persona que actúe así o tienes alguna experiencia personal de ese estilo?
* "El poder de la sonrisa". Cuenta si alguna vez el poner la sonrisa por delante ha facilitado algo o ha hecho que las cosas vayan mejor de lo que habías pensado.
* ¿Qué piensas sobre la muerte? ¿Por qué crees que Teresa muere, en medio de un gran dolor, poniendo toda su confianza en Jesús?

 Así pensaba Teresa del Niño Jesús

* "Un sabio decía: 'Dadme una palanca, un punto de apoyo, y levantaré el mundo'.
* Lo que Arquímedes no pudo lograr, porque su petición no se dirigía a Dios y porque la hacía desde un punto de vista material, los santos lo lograron en toda su plenitud. El Todopoderoso les dio un punto de apoyo: Él mismo, Él solo. Y una palanca: la oración, que abrasa con fuego de amor. Y así levantaron el mundo. Y así lo siguen levantando los santos que aún militan en la tierra. Y así lo seguirán levantando hasta el fin del mundo los santos que vendrán" (De *Historia de un alma*).

 Oramos con santa Teresa de Lisieux

Oh Jesús,
por fin he encontrado mi vocación:
mi vocación es el amor.
Sí, he hallado mi propio lugar en la Iglesia,
y este lugar es el que Tú me has señalado,
Dios mío.
En el corazón de la Iglesia,
que es mi madre,
yo seré el amor;
de este modo lo seré todo,
y mi deseo se verá colmado.

Juan XXIII,
la bondad hecha humor

☀ Tras las huellas del Evangelio

Señor, tú lo sabes todo; tú sabes que te quiero (Jn 21,17).

☀ ¿Quién fue Juan XXIII?

Nació en una familia de campesinos honrados y muy religiosos, de Soto il Monte (Italia). A los once años descubrió su vocación sacerdotal y, más tarde, fue pasando por diferentes servicios a la Iglesia. Le tocó convivir con creyentes de otras religiones, con los que mantuvo una actitud de respeto y diálogo. Fue elegido Papa con casi 77 años, en 1958, y se propuso renovar la Iglesia. Su deseo era que todos los cristianos anunciaran con valentía el Evangelio y estuvieran más presentes en medio de las necesidades de la gente. Una de sus preocupaciones fue trabajar por la paz. Se le conoce como el Papa Bueno por su sencillez y por la simpatía que mostraba. Ha sido canonizado junto a Juan Pablo II por el papa Francisco en 2014.

☀ Escenas para recordar: *De paseo con el Papa Bueno*

Juan XXIII, hasta convertirse en Papa, pasó por una diversidad de importantes responsabilidades, en las que siempre observamos en él unas características que se repiten: su extraordinario sentido común y su humor. En el fondo, el ser hijo de unos buenos campesinos le había marcado en su sencillez y cercanía. Ya Papa, continuó con la misma naturalidad de siempre.

Recién elegido sucesor de san Pedro pide al cardenal Nasalli que se quede a cenar con él. Pero el purpurado le revela que es costumbre que los Papas coman solos, a lo que Juan XXIII replica:

—¡Tampoco de Papa van a dejarme hacer lo que me dé la gana!

El cardenal, accediendo a la petición, propone:

—Santidad, ¿puedo traer un vinito de mi tierra?

—¡Sí, pero no me llames Santidad, que parece que me estás tomando el pelo! —solicita el nuevo Obispo de Roma.

En sus primeros días de pontificado, el Papa se siente atormentado por algunos problemas y dudas. Hasta que se hace la siguiente reflexión:

—Tranquilo... que solo eres el Papa.

Y, a partir de entonces, duerme estupendamente cada noche. Y, por las tardes, siguiendo su costumbre como Patriarca de Venecia, suele pasear un buen rato por los jardines vaticanos.

Los funcionarios del Vaticano le hacen una propuesta:

—Santidad, quizá haya que cerrar la cúpula para que los turistas no vean el paseo del Papa.

—¿Y por qué hay que hacer algo? ¿Por qué hay que cerrar la cúpula? –pregunta Juan XXIII.

Le contestaron:

—Santidad, es que todos le verán...

Ante esta respuesta, el anciano Papa piensa un poco y les apunta con humor:

—No se preocupen. Les prometo a ustedes que no haré nada que pueda escandalizarlos.

Una de las cosas que más preocupan al papa Juan, el Papa Bueno, es el anuncio de la verdad del Evangelio y su inquietud por la paz en el mundo. Por eso, invita a los cristianos a ser como centellas de luz, viveros de amor y levadura para toda la masa. Porque la paz no puede darse en la sociedad humana si primero no se da en el interior de cada persona.

Hay quien lo critica por considerarlo demasiado optimista. Una vez responde a esta crítica con estas palabras:

—Alguno afirma que el Pontífice es demasiado optimista, lo he oído incluso yo; uno que ve las cosas desde el punto de vista de su mejor aspecto. Yo respondo que no sé separarme del ejemplo del Señor, quien difundió a su alrededor pensamientos de paz e insistió más que en el "no", en el "sí", es decir, en los aspectos positivos. En esto hay justicia, alivio y paz para todos.

Un buen día pide a su secretario, monseñor Loris Francesco Capovilla, que le ayude a abrir las ventanas del Vaticano, para que entre aire fresco a la Iglesia. Inspirado por el Espíritu Santo, el Papa anuncia que va a organizar una gran reunión con los obispos del mundo entero, para tratar asuntos como la relación de la Iglesia con el mundo. Esta reunión provoca intranquilidad para algunas personas acostumbradas a vivir ancladas al pasado. Para el papa Juan se trataba del desafío de cambiar lo que no estaba en la Iglesia en conexión con el Evangelio. Y le hace a su secretario una confidencia sobre la razón por la que organizaba esta asamblea:

—¿Jesús habló alguna vez con Pedro a solas? No, los otros discípulos estaban siempre presentes.

El papa Juan muere antes de que se concluyera el Concilio, llamado Vaticano II. Para él lo primordial era comenzar, después Dios se encargaría de llevar a buen puerto la obra iniciada. Como acostumbraba a decirle a su secretario:

—Basta con la preocupación por el presente; no es necesario tener fantasía y ansiedad por la construcción del futuro.

✸ Nos hacemos preguntas

* ¿Conoces alguna persona con un cargo importante? ¿Cómo son sus relaciones con los demás? Compáralas con lo que hizo el Papa Bueno en su primer día como sucesor de san Pedro.
* ¿Has oído hablar del Concilio Vaticano II? ¿Sabes por qué fue tan significativo?
* El papa Juan paseaba todos los días. ¿Aprovechas algunos momentos del día para pensar o rezar? ¿Te gusta el silencio? Cuando estás en silencio, ¿cómo te encuentras, en qué piensas?

✸ Así pensaba san Juan XXIII: Decálogo de la serenidad

* Solo por hoy, trataré de vivir exclusivamente al día, sin querer resolver el problema de mi vida de una vez.
* Solo por hoy, tendré el máximo cuidado de mi aspecto; trataré de ser cortés; de no criticar a nadie ni pretender disciplinar a nadie, sino a mí mismo.
* Solo por hoy, me adaptaré a las circunstancias, sin querer que las circunstancias se adapten a mis deseos.
* Solo por hoy, dedicaré 30 minutos de mi tiempo a una buena lectura recordando que así como el alimento es necesario para la vida del cuerpo, la buena lectura es necesaria para mi mente y espíritu.
* Solo por hoy, haré una buena acción a favor de alguien que solamente yo sabré.
* Solo por hoy, haré dos acciones positivas que no sean de mi agrado y procuraré que nadie se entere.
* Solo por hoy, seré feliz con la certeza de que se sido creado para la felicidad.
* Solo por hoy, haré un programa detallado. Quizás no lo cumpliré íntegramente, pero lo redactaré. Y me cuidaré de dos calamidades, la prisa y la indecisión.
* Solo por hoy, no tendré temores, no tendré miedo a gozar de lo que es bello y de creer en la bondad. Puedo hacer durante un día lo que me descorazonaría si pensase tener que hacerlo durante toda mi vida.

✸ Oramos con san Juan XXIII

Cuando me paro un rato en casa,
o me doy una vuelta por el parque,
o por el campo;
cuando descubro que los pájaros
están de fiesta,
o el cambio de estación
de las hojas de los árboles,
me entran ganas de estar contigo, Señor,
de contarte lo que me ha pasado,
de darte gracias,
de pedirte perdón
o acordarme de alguien que está sufriendo.
En el silencio, quiero escuchar tu voz,
como el papa Juan,
que se dejó guiar con sencillez
al aire de tu Espíritu.

Teresa de Calcuta, *fiesta en el Cielo*

☀ Tras las huellas del Evangelio

—Venid, benditos de mi Padre; heredad el reino preparado para vosotros desde la creación del mundo (Mt 25,34).

☀ ¿Quién fue la Madre Teresa de Calcuta?

Nace en Skopje (Albania) en 1910, de una familia caritativa y volcada en los pobres. A los dieciocho años entra en las Hermanas de Loreto y hace su noviciado en la India. Durante 20 años es profesora en un colegio de Calcuta. Siente que Dios le pide que se dedique a los pobres. Recoge a los moribundos y enfermos que los hospitales no aceptan. Funda la Congregación de las Misioneras de la Caridad para dedicarse a los más pobres entre los pobres. Fue beatificada en 2003 por san Juan Pablo II en la Plaza de San Pedro y canonizada por el papa Francisco el 4 de septiembre de 2016.

☀ Escenas para recordar: *Encuentro de amigos*

Gran jolgorio se ha montado en el Cielo cuando, procedente de Calcuta, llega la diminuta Madre Teresa de los Pobres a las altas cumbres celestiales. El bueno de san Pedro ha organizado una fiesta sorpresa de bienvenida y ha enviado a Vicente de Paúl y a Damián de Molokai para recibir a la misionera.

Teresa, buena samaritana, llega surcada de arrugas, con su sari resplandeciente y con una mirada en la que se traslucen los rostros de los más pobres entre los pobres.

La religiosa se siente feliz de estar con Damián y Vicente. Al Fundador de las Hijas de la Caridad, le agradece el que inspirara su obra y algo muy importante que aprendió de él:

—No debéis olvidar jamás que los pobres son nuestros señores: tenemos que amarlos y prestarles obediencia.

—¡Vamos Teresa, que hay mucha gente aquí arriba impaciente por verte! —se apresuró a meter prisa el apóstol de la Caridad un tanto ruborizado.

Damián, mientras tanto, tiende suavemente su mano a la pequeña misionera. Él siempre supo del amor que ella sentía por su vida y por su obra. Llevaba tiempo esperándola. Y ahora le recuerda la felicidad que provocó a un anciano enfermo de lepra, totalmente desfigurado, que se acercó a ella para decirle, tras haberla escuchado con emoción:

—Repita que Dios me quiere otra vez, Madre Teresa. Me ha hecho mucho bien oírselo decir. Siempre había escuchado que nadie nos quiere. Resulta muy hermoso saber que Dios nos ama. ¡Repítalo de nuevo, por favor!

Teresa ha salido de la tierra con funerales de Estado, en los que los pobres no han podido participar. Ahora, en el Cielo, se encuentra con una mesa sin fin en la que están sentados, con traje de gala, todos aquellos moribundos, enfermos de lepra y de sida, a los que ella y sus hijas e hijos han ayudado a morir con dignidad.

Al ver a su gente, Teresa llora de alegría:

—Vosotros sois para mí el rostro de Cristo, mi Señor. Por fin, estoy con vosotros para siempre.

Damián, contemplando la emoción de Madre Teresa, le dice casi susurrando:

—Teresa, has llenado el Cielo de pobres, que se han convertido en los amigos de Jesús, el Amor de tu vida. Y Jesús quiere verte, porque tuvo hambre, y le diste de comer; tuvo sed, y le diste de beber; estaba desnudo, y le vestiste; carecía de hogar, y le ofreciste cobijo.

Es el momento más deseado por Teresa. Tras tanta búsqueda y oscuridad, se acerca Jesús. Resplandece la luz en ella y en todos los que la rodean. Jesús la abraza fuertemente. El camino ha finalizado, ya se ha producido el encuentro tan deseado.

—Señor, te he seguido durante toda mi vida. He sentido tu sed, tu angustia en la Cruz. He compartido tus humillaciones y tu abandono. Ahora —confiesa Teresa— siento tu luz como nunca.

—Vamos, ya está preparado el banquete, el Padre nos espera y quiere vernos para compartir la alegría de tu vida, Teresa —le indica Jesús.

—¡Adelante, entonces! —exclama la misionera.

☀ Nos hacemos preguntas

* A Teresa le mueve en su vida el amor a Jesús. Curiosamente encuentra a Cristo en las personas menos vistosas y agradables. ¿De quiénes te sueles rodear normalmente?
* ¿Recuerdas haberle dicho a alguien alguna vez que Dios le quiere?
* Mira en torno a ti: ¿qué puedes hacer para aliviar el dolor de los que sufren?
* Haz un esfuerzo de concreción e indica en una lista quiénes son para ti el rostro de Jesús en nuestro mundo.
* ¿Por qué piensas que Madre Teresa no abandonó nunca a los pobres? ¿Sueles tirar la toalla en las dificultades? Explícate.

☀ Así pensaba Teresa de Calcuta:

"El amor hace que el más duro de los esfuerzos
parezca tan leve como una pluma.
Cuando hay amor, el alma está llena de una energía especial
y todo trabajo parece ser fácil.
El amor funciona como un ascensor, que permite subir
muchos pisos sin más esfuerzos que pulsar un botón.
Cuando no hay amor, es como subir veinte pisos en una escalera.
Así que, experimenta el amor total el día de hoy".

☀ Oramos con la Madre Teresa:

Señor, tú le has confiado a la beata Teresa
de Calcuta y a todos nosotros:
La vida es belleza, admírala.
La vida es felicidad, saboréala.
La vida es sueño, hazlo realidad.
La vida es desafío, afróntalo.
La vida es deber, cúmplelo.
La vida es preciosa, cuídala.

La vida es riqueza, consérvala.
La vida es amor, gózalo.
La vida es misterio, descúbrelo.
La vida es promesa, cúmplela.
La vida es tristeza, véncela.
La vida es un himno, cántalo.
La vida es aventura, vívela.

LOLO:
la alegría de una mirada fija en Jesús

☀ Tras las huellas del Evangelio

Jesús le dijo:

—¿Qué quieres que haga por ti?

El ciego le contestó:

—Maestro, que vea otra vez.

Jesús le dijo:

—Anda, tu fe te ha curado.

Al momento recobró la vista, y lo siguió por el camino (Mc 10,51-52).

☀ ¿Quién fue Lolo?

Manuel Lozano Garrido nació en Linares (Jaén) en 1920. Fue un joven alegre y un cristiano comprometido de Acción Católica. Tuvo una gran vocación periodística, que le hizo transmitir a muchas personas el mensaje de Jesús a través de la radio, de sus artículos y libros. A los 22 años se le manifestó una extraña y larga enfermedad que, poco a poco, lo dejó paralítico y ciego. A pesar de todo, Lolo encontró fuerzas en la eucaristía para ofrecer su vida por los demás como Cristo. Con la ayuda de su hermana Luci y de otras personas, continuó trabajando y sembrando la alegría de vivir a todos los que le rodeaban y leían sus escritos. Fue beatificado en Linares en 2010.

☀ Escenas para recordar: *Un periodista en silla de ruedas*

Aunque es domingo el doctor Juan Pérez ha ido a visitar a Lolo. Le gusta, de cuando en cuando, pasar y echar un rato con su paciente favorito. Como tantas personas que

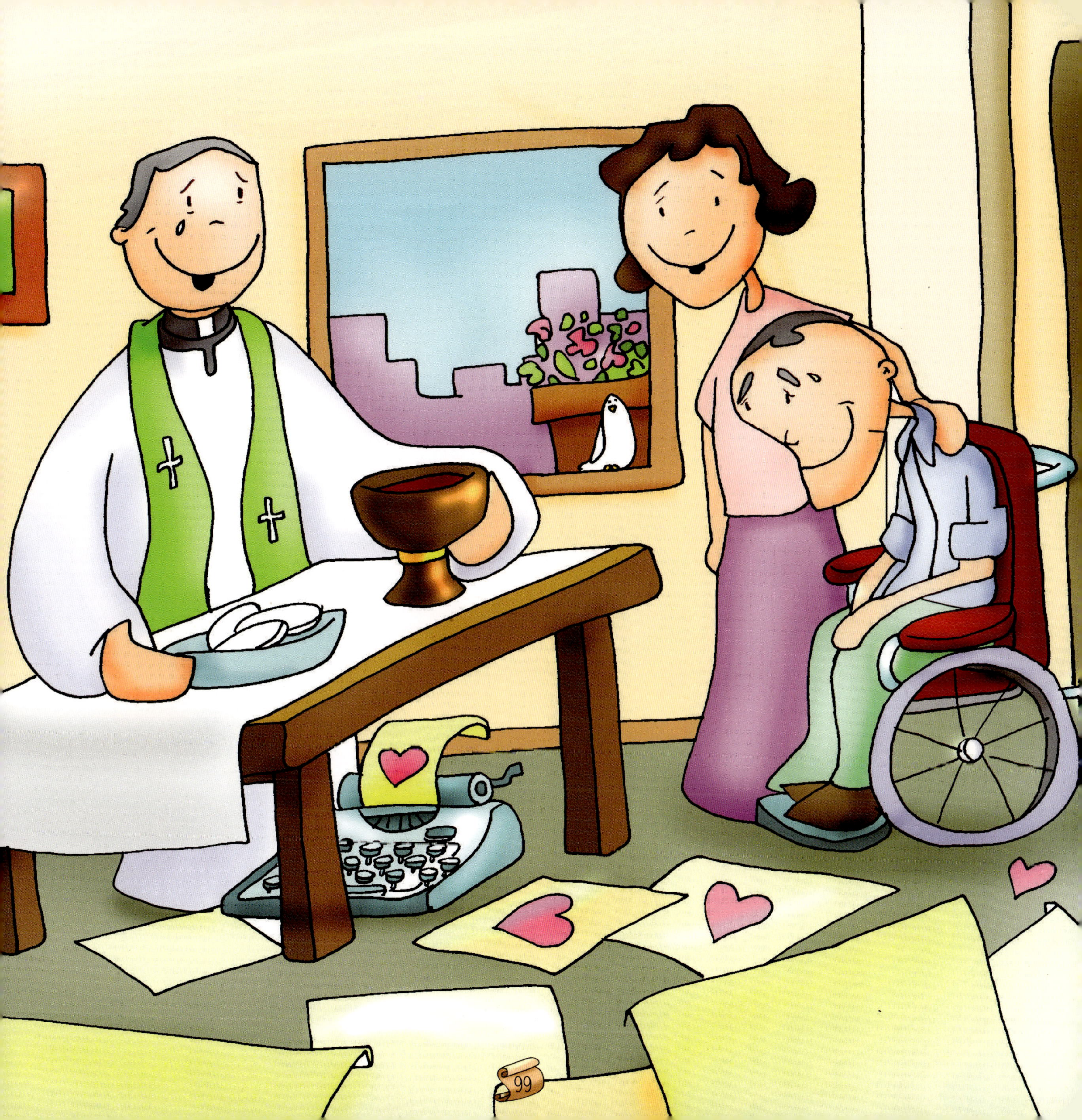
99

van a casa de los Lozano Garrido, frente a la iglesia de Santa María, lo encuentra convertido en un amasijo de dolor y, sin embargo, no se le oye ni una queja.

Siempre se dibuja en su rostro una sonrisa.

—¿Cómo me encuentras, Juan? –pregunta el paralítico.

—Eres el enfermo grave que goza de mejor salud de este pueblo. Ya me ha dicho tu hermana Luci que estás escribiendo varios artículos y un libro. Desde luego, no paras. Pero tómatelo con tranquilidad –recomienda el médico.

—Hay que ganarse el pan con el sudor de la frente –responde el impedido periodista.

Al despedirse el médico, se acercó a la diminuta habitación un conocido sacerdote, escritor y periodista: el padre José Luis Martín Descalzo. Ha ido a dar una conferencia en Linares y quiere celebrar la eucaristía con Luci y su hermano. Apenas cabe la mesa de altar entre la cama y el sillón de ruedas. El sacerdote está impresionado al contemplar el cuerpo de Manolo convertido, después de casi treinta años de enfermedad, en un esqueleto.

—Me he quedado muy impactado, Luci –afirma el padre Martín Descalzo.

—Sí, ha sido una misa en la que he sentido una gran emoción al ver cómo mi hermano respondía con su fe tan grande, con esa alegría en medio del dolor que no lo deja ni un minuto descansar –contesta Luci.

—Hoy en vuestra casa he visto dos altares y dos cuerpos que se han entregado: el altar del Pan de la eucaristía y el altar del cuerpo crucificado en el sufrimiento feliz de tu hermano –comenta admirado el sacerdote.

—Ya sabes José Luis, que lo primero que hizo mi hermano cuando se celebró la primera misa aquí fue pedirme que debajo del altar pusiéramos su máquina de escribir. Quería que el tronco de la Cruz se clavase en el teclado y echara allí mismo raíces –recuerda Luci.

—Es curioso, algunos que han leído sus artículos me han comentado que cuánto viaja Lolo, porque escribe sobre cualquier tema y lugar. Y, fíjate, no sale casi de estas cuatro paredes –concluye Martín Descalzo.

Por la tarde, los dos hermanos rezan a la Virgen, a la que se sienten muy unidos, pues perdieron a su madre jovencillos y han notado a María continuamente a su lado.

Aunque Lolo está acompañado y tiene visitas que no paran, Luci está preocupada porque todos los días ha de marcharse a trabajar y le intranquiliza que su hermano pueda sentirse solo. Él, como en tantas ocasiones, la deja sin palabras:

—Mira, hermanilla, no te preocupes. La soledad tiene también una función útil. Fíjate cómo los pantanos se hacen en las afueras, están alejados y solos, para recoger la fuerza del agua y luego devolverla en luces y energía a pueblos y ciudades –observa Lolo.

—¡Ay, Dios mío, tienes unas respuestas que me dejan sin habla! –exclama Luci–. Ahora que no puedes ver con los ojos, siento que Dios te ha concedido una mirada profunda con el corazón, hermano.

—Yo ofrezco mi vida para que los hombres y mujeres de hoy no dejen tullido ni ciego su corazón. No hay cosa peor que estar lisiados en la capacidad de amar –expresa Lolo con convicción.

☀ Nos hacemos preguntas

* Lolo es feliz en medio de su dolor, transmite alegría a los que le rodean. ¿Cómo crees que es eso posible? ¿Se puede ser feliz estando enfermo?
* La vida tiene esas dos caras: alegría y dolor, momentos buenos y etapas más difíciles. ¿Eres capaz de afrontar los problemas con optimismo, sin desilusionarte ni venirte abajo?

☀ Así pensaba Lolo: Decálogo del periodista

* Da gracias al ángel que clavó en tu frente el lucero de la verdad y lo bruñe a todas horas.
* Cada día alumbrarás tu mensaje con dolor, porque la verdad es un ascua que se arranca del cielo y quema las entrañas para iluminar, pero tú cuida de llevarla dulcemente hasta el corazón de tus hermanos.
* Cuando escribas lo has de hacer: de rodillas para amar; sentado para juzgar; erguido y poderoso, para combatir y sembrar.
* Abre pasmosamente tus ojos a lo que veas y deja que se te llene de savia y frescura el cuenco de las manos, para que los otros puedan tocar ese milagro de la vida palpitante cuando te lean.
* El buen peregrino de la palabra pagará con moneda de franqueza la puerta que se le abre en la hospedería del corazón.
* Trabaja el pan de la limpia información con la sal del estilo y la levadura de lo eterno y sírvela troceada por el interés, pero no le usurpes al hombre el gozo de saborear, juzgar y asimilar.
* Árbol de Dios, pídele que te haga roble, duro e impenetrable al hacha de la adulación y el soborno, pero con tu frente en las ramas a la hora de la cosecha.
* Si a tu silencio se llama fracaso porque la luz falta a la cita, acepta y calla. Pobre del ídolo que tiene los pies del barro de la mentira. Pero ojo a su vez, con la vanagloria del mártir cuando las palabras no suenan por cobardía.
* Siégate la mano que va a mancillar, porque las salpicaduras en los cerebros, son como sus heridas, que nunca se curan.
* Recuerda que no has nacido para prensa de colores. Ni confitería, ni platos fuertes: sirve mejor el buen bocado de la vida limpia y esperanzadora, como es.

☀ Oramos con Lolo

Señor Jesús,
me gustaría conseguir una máquina
de escribir como la de Lolo,
que solo copiara palabras
como alegría, amor, trabajo,
sonrisa, entrega, entusiasmo.
Él fue un periodista que contó
las cosas del mundo
con la mirada puesta en Ti.
Durante tantos años de enfermedad,
jamás salieron palabras negativas
de su corazón,
al contrario, encajó el dolor
mirándote a Ti martilleado en la Cruz.
Dame la valentía de vivir con una sonrisa,
incluso en la compañía de la enfermedad
y del dolor.
Cuando vea alguien en una silla de ruedas,
recordaré el milagro de Lolo
que, inválido, nos enseñó a vivir.

Obispo Nguyen van Thuan, con Jesús en la cárcel

☀ Tras las huellas del Evangelio

Lo prendieron, se lo llevaron y lo condujeron a casa del sumo sacerdote (Lc 22,54).

☀ ¿Quién fue Francisco Javier Nguyen van Thuan?

Nombrado arzobispo coadjutor de Saigón en 1975, pocos meses después fue arrestado y pasó trece años en la cárcel, nueve de los cuales en régimen de aislamiento. Una vez liberado fue obligado a abandonar Vietnam y se trasladó a Roma. San Juan Pablo II lo nombró presidente del Consejo Pontificio Justicia y Paz y posteriormente lo creó cardenal.

☀ Escenas para recordar: *La catedral de las rejas*

Al obispo Van Thuan no se le olvida aquel viaje hacia el norte de Vietnam. En el barco y, luego, en el campo de concentración, entabla relación con muchas personas de las más diversas religiones y creencias. Lo eligen ecónomo para servir a todos, pues se fían de él. Le toca repartir la comida, ir a por agua caliente y cargar con el carbón para la calefacción. El prelado vietnamita expresa en su oración, al declinar el día, cuál es su misión:

—Esta cárcel es mi catedral más hermosa, y estos prisioneros, sin excepción alguna, son los hermanos que el Señor me ha confiado. Estamos llamados a ser juntos testigos de esperanza.

Durante años celebra la eucaristía oculto, como los primeros cristianos, con tres gotas de vino y una gota de agua en la palma de la mano. Cuando se apaga la luz por la noche, se encoge en la cama para celebrar la misa con un grupo de católicos. Fabrican bolsitas con el papel de cigarrillos para conservar el Pan de la eucaristía y llevarlo a los demás reclusos.

—Padre Van Thuan, mañana nos someten de nuevo a la sesión de adoctrinamiento. Hemos de organizarnos para que, en la pausa, pasemos las bolsitas con la eucaristía a los otros grupos —observa un prisionero católico.

—Sí, es necesario que los demás prisioneros sientan que Jesús está en medio de ellos.

Al principio los guardias de la prisión evitaban hablar con el obispo, pero él se propuso ser amable con ellos, amar a Jesús en ellos. Comenzó a hablarles de sus viajes, de cómo viven en Japón o en América, de tecnología, de libertad y los guardias mostraban curiosidad y le preguntaban las más diversas cuestiones. En una ocasión que estaba cortando leña, pidió a un guardia:

—Quiero cortar un trozo de madera en forma de cruz.

—¿Está loco? ¿No sabe que está severamente prohibido cualquier signo religioso? —replicó el guardia.

—Lo sé, pero le considero amigo mío y prometo mantenerla escondida —respondió Van Thuan.

Un día al obispo Van Thuan le toca preparar el comedor para la comida. Le vigilan un par de guardias que ya se han hecho amigos suyos.

—Nos dijiste el otro día que tu Dios, Jesús, tiene defectos —pregunta un guardia enjuto y aniñado.

—Sí, por ejemplo, Jesús no sabe matemáticas —indica Van Thuan.

—¿Cómo? —se sorprende el guardia que parece más mayor.

—Por ejemplo, en la parábola de la oveja perdida vemos cómo el pastor deja las noventa y nueve ovejas y se va en busca de la que se ha escapado. Para Jesús, uno equivale a noventa y nueve, ¡y quizá incluso más! Todos somos importantes para Él —subraya el obispo.

—Es llamativo lo que dices —responde el guardia joven.

—Y aún tiene más defectos, porque a Jesús le falla la memoria. Fijaos: muere en la cruz y perdona a un ladrón que va a morir junto a él. No se acuerda de los malos actos cometidos por aquel hombre —relata Van Thuan.

Esa cruz la esconde el obispo vietnamita en un trozo de jabón hasta que lo liberan de la cárcel. Está convencido de que lo que más cambia el mundo es el amor:

—Solo el amor cristiano puede cambiar los corazones, no las armas, las amenazas o los medios de comunicación —dice con frecuencia a sus compañeros de prisión.

Cuando va a ser liberado de la cárcel, uno de los guardias le pregunta:

—Tú, ¿nos amas?

—Sí, os amo —responde el obispo prisionero.

—¿Nosotros te hemos tenido encerrado tantos años y tú nos amas? No me lo creo. ¿Por qué sé que no nos vas a matar cuando salgas de la cárcel? —replica el carcelero.

—Porque Jesús me ha enseñado a amar a todos, también a los enemigos —insiste el obispo—. Si no lo hago, no soy digno de llevar el nombre de cristiano. Jesús dijo: "amad a vuestros enemigos y rezad por quienes os persiguen".

—Es muy bello, pero difícil de entender —comentó al final el guardia.

✸ Nos hacemos preguntas

* El cardenal Van Thuan nos habla claramente del amor a los enemigos. ¿Cuáles son los sentimientos que te despiertan los que no son tus amigos? Identifícalos. ¿Por qué te sientes distanciado de ellos? ¿Es esa distancia tan importante o se podría salvar de algún modo?

* Recuerda algunos momentos en los que hayas superado las diferencias y sentimientos adversos. Puedes poner ejemplos de otras personas que veas que no viven en la enemistad. ¿Son personas felices? ¿Por qué?

* Reflexiona y dialoga con otros sobre las guerras y el sufrimiento que conllevan.
* El comportamiento del obispo es fundamental en la cárcel. Fue luz para los que estaban allí, motivo de esperanza. ¿Cómo piensas que se encontraban los prisioneros del campo de concentración? Imagina que estás tú allí, ¿qué sentirías?
* ¿Cómo actuó Van Thuan con los encarcelados?
* ¿Cómo puedes ser alegría y luz en situaciones de oscuridad para personas que lo estén pasando mal?

☀ Así pensaba Van Thuan:

* "Recuerdo mi experiencia durante los oscuros años en prisión. En aquel abismo de mis sufrimientos, algunos sentimientos me daban la paz del alma: nunca dejé de amar a todos, a nadie excluí de mi corazón. Dios amor será quien me juzgue —me dije-; no el mundo, no el gobierno, no la propaganda. Todo pasa, solo Dios no cambia. Estoy en manos de María. He de ser fiel al ejemplo de mis antepasados mártires, a lo que aprendí de mi madre cuando era niño".

☀ Oramos con el Cardenal Van Thuan

Jesús, ahora puedo decir como san Pablo:
"Yo, Francisco, prisionero de Cristo".
En la oscuridad de la noche, en medio
de este océano de ansiedad, de pesadilla,
poco a poco me despierto:
"Debo afrontar la realidad".
Estoy en la cárcel.
Si espero el momento oportuno
de hacer algo verdaderamente grande,
¿cuántas veces en mi vida
se me presentarán ocasiones semejantes?
No, aprovecho las ocasiones que
se presentan cada día
para realizar acciones ordinarias
de manera extraordinaria.
Jesús, no esperaré;
vivo el momento presente
colmándolo de amor.
La línea recta está formada por millones
de puntitos unidos entre sí.

También mi vida está integrada
por millones de segundos
y de minutos unidos entre sí.
Dispongo perfectamente cada punto
y mi línea será recta.
Vivo con perfección cada minuto
y la vida será santa.
El camino de la esperanza está enlosado
de pequeños pasos de esperanza.
La vida de esperanza está hecha
de breves minutos de esperanza.
Como Tú, Jesús, que has hecho siempre
lo que le agrada a tu Padre.
Cada minuto quiero decirte:
Jesús, te amo; mi vida es siempre una
"nueva y eterna alianza" contigo.
Cada minuto quiero cantar
con toda la Iglesia:
Gloria al Padre y al Hijo
y al Espíritu Santo...

Iris Prat,
el lenguaje universal de la fraternidad

✳ Tras las huellas del Evangelio

En esto conocerán que sois discípulos míos: en que os amáis unos a otros (Jn 13,35).

✳ ¿Quién es Iris Prat?

Una religiosa boliviana de los Sagrados Corazones, nacida en 1939. Ha pasado gran parte de su vida en Bolivia, atendiendo a los reclusos de la cárcel de La Paz, donde descubre a Jesús preso y atormentado. A punto de cumplir los setenta años, se ofrece voluntaria para ir a Calcuta, en India, para apoyar el trabajo con niños y familias que desarrollan las hermanas que viven allí.

✳ Escenas para recordar:
Los ojos redondos y bien grandes de una muñeca

La hermana Iris acaba de llegar de Bolivia. No es ya ninguna jovencita, bien podría estar jubilada. Lo que pasa es que esta anciana despliega unas ganas enormes de servir a los demás dondequiera que pueda echar una mano. El único problema de nuestra misionera es que habla castellano e inglés. En Calcuta, los más pobres hablan idiomas desconocidos para ella, como el hindi o el tamil. Esto no reduce su confianza en que poco a poco podrá irse comunicando con la gente.

Calcuta es una ciudad de vida y muerte, de la alegría y de las tristezas. Es un inmenso caleidoscopio de vivo y brillante colorido. Aquí Dios camina descalzo por la calle. En medio de olores penetrantes, de calles abigarradas,

107

Iris acaba de pasar por delante de una tienda muy humilde y ha habido algo que le ha llamado especialmente la atención: una muñeca con ojos redondos, grandes y bien abiertos. Como puede, se dirige al comerciante para adquirirla:

—Por favor, muñeca para mí.

Hay dos niñas que ven a la religiosa con la enorme muñeca: Pushpa y Vandana. Son dos hermanas de seis y cuatro años respectivamente.

—Mira, Vandana, una gran muñeca.

Y, diciendo esto, Vandana, con sus ojos almendrados, sale corriendo hacia la mujer extranjera.

—¡Sanguita! ¡Sanguita! –dice la niña al levantar las manos hacia la muñeca.

De esta manera tan espontánea la muñeca recibe un nombre. Iris se la deja a Vandana y a Pushpa. Les llama la atención que su tamaño sea más grande que el de un bebé y que sus ojos se muevan. Y sus pestañas, sus llamativas pestañas. La misionera tiene cuidado de que las niñas no metan los dedos en los atrayentes ojos de la muñeca. Pushpa está muy contenta. No suele jugar porque contrajo hace tiempo la obligación de cuidar de su hermana. Tampoco va a la escuela porque sus padres no tienen dinero para pagarla.

Iris descubre a más niños por el barrio. Cerca del centro de salud hay unos escalones. Allí va cargada con Sanguita, sus colores, puzles y juegos. La siguen muy de cerca Vandana y Pushpa. Se acerca a ellos y se da cuenta de que también les llama la atención la muñeca y los papeles para dibujar. Las niñas acurrucan a Sanguita, le dan de comer, le hablan, la miman, le cambian los pañales con papeles de periódico.

Iris invita a sus nuevos amigos a pintar. Como no la entienden se pone a dibujar con el dedo en el aire. Los niños enseguida captan el mensaje. La misionera se sorprende. Los chavales pintan paisajes, elefantes, tigres, palmeras, ríos, flores, casas de campo. Y cielos con soles radiantes o lluvias torrenciales, niños y niñas con sus paraguas coloridos. Todos quieren pintar. Con una tapa dura de un cuaderno, algunos se ponen a formar puzles. ¡Cuánta diversión!

Así, poco a poco, se va haciendo amiga de los más pequeños. Los escalones del centro de salud se convierten en un improvisado lugar de juego y de diversión. Gracias a Sanguita y a los dibujos, la misionera se ha hecho un hueco en el corazón de Calcuta. No importa que sean hindúes, musulmanes o cristianos los que se acercan a ella. Son niños que entienden el lenguaje del amor y de la acogida.

Cuando oscurece, Pushpa y Vandana le dan la mano a Iris y la llevan a su casa. Allí está postrado en una cama, Noel, el papá de las niñas. Lleva tres años sin poderse mover. Aún no ha podido jugar con ellas, como lo haría cualquier padre. La misionera se emociona al ver a las niñas dándole múltiples besos a su padre y deshaciéndose con él.

Con la huella que todas estas historias de personas le dejan en su interior, Iris se dirige a su casa. Se lamenta a la hermana Jane:

—¡Qué duro que los niños no tengan infancia! Se pasan el día pelando cocos, partiendo el carbón o cuidando a los hermanitos más chicos.

—Es muy duro –asiente Jane–. Y, fíjate, que es un pueblo extremadamente religioso. La gente muy pobre cree en Dios y entrega su vida a Él. Irradian una gran alegría interior.

Llega la hora de la adoración. Las hermanas estarán un rato delante de Jesús en el Pan de la Eucaristía. Les van a contar lo que han vivido, van a presentarle a los niños, a los enfermos. Se van a dirigir a Él con el lenguaje que nunca falla: el del amor al prójimo y a los más desheredados.

Nos hacemos preguntas

* ¿Te has visto alguna vez en una situación en la que te hayas tenido que comunicar con gestos? Cuéntalo.
* Además de la muñeca, ¿qué pensáis que cautivó a los niños?
* ¿Se puede ayudar a los demás compartiendo simplemente el tiempo con ellos? ¿Cuándo ha sido la última vez que has dedicado gratuitamente tiempo a otros?

Así piensa Iris Prat

* "El tiempo que damos a las personas es un tiempo para compartir y para amar".
* "Hablamos como podemos con palabras en hindi, inglés, castellano... Compartimos la vida y eso me parece muy interesante".
* "Descubrí que me hacía feliz estar con los niños, visitar a los enfermos y a las personas que iba conociendo. Una va descubriendo los problemas internos de las familias también".
* "La Palabra de Dios está escrita en la vida de los hombres, mujeres, niños y en la maravilla del mundo".

Oramos con la hermana Iris

Aquí me tienes, buen Jesús,
cargada de años pero joven de ilusiones.
Te pido por todos los niños del mundo,
deseo que ninguno de ellos pierda su infancia,
que puedan disfrutar de su familia,
de sus juegos y diversiones,
que aprendan a leer y a escribir,
que no les falte el alimento ni el vestido.
Ojalá todos tengamos unos ojos grandes y despiertos
como los de Sanguita,
para darnos cuenta
de que hay muchos niños que carecen de casi todo
y pueden perderse
la maravilla de una infancia feliz.

Padre Patera, *la fuerza del amor*

☼ Tras las huellas del Evangelio

Venid, benditos de mi Padre... porque fui extranjero y me recogisteis (Mt 25,35-36).

☼ ¿Quién es el Padre Patera?

Isidoro Macías Martín, conocido familiarmente como "Padre Patera", nació en Minas de San Telmo (Huelva) en 1945. Es cofundador de los religiosos franciscanos de la Cruz Blanca y conocido por su trabajo humanitario en Algeciras a favor de los inmigrantes que cruzan el Estrecho de Gibraltar. En la casa familiar Virgen de la Palma acoge a parados sin recursos, ancianos, polizones, inmigrantes irregulares y, especialmente, madres subsaharianas que han cruzado el Estrecho en busca de trabajo. Por esconder a inmigrantes ilegales ha sido detenido en varias ocasiones.

☼ Escenas para recordar:
De Padre Patera a Padre Partero

Cada vez hay más mujeres embarazadas o con bebés en la casa que tienen los Hermanos de la Cruz Blanca en Algeciras, procedentes de un viaje peligroso por las aguas del Estrecho. Un alto funcionario de Sanidad ha venido a llamar la atención al Padre Patera:

111

—Pero, ¿cómo acoge a tantas mujeres y niños en esta casa con tan poco espacio? —le riñe el comisionado sanitario.

—Mire, después de lo que han pasado, arriesgando su vida al cruzar el Estrecho en patera, ¿cómo los voy a dejar tirados en cualquier sitio? Prefiero que estén en mi casita con goteras que verlos en la calle.

Y, claro, las mujeres embarazadas se ponen de parto en cualquier momento. Una noche, a las dos de la madrugada, el hermano Carlos llama urgentemente a la habitación del Padre Patera:

—Hermano Isidoro, corra, corra, que la mujer que hemos recogido esta mañana en la playa con el embarazo tan avanzado ha roto aguas. No hay tiempo para llevarla al hospital.

El hermano Isidoro llama a otra madre africana y entre los dos van tirando de la cabecita de la niña. Y exclama admirado:

—¡Qué bebita tan preciosa, qué ojos tan negros, qué montón de caracolillos por la cabecita…!

Y tras el feliz alumbramiento, comenzaron todos en la casa a bailar y a cantar. ¡Cuánta alegría trae siempre una nueva vida!

—A ver si ahora, en vez de Padre Patera, vais a ponerme Padre Partero.

Y los frailes y las mujeres empezaron a reírse sin parar, con la ocurrencia del singular franciscano de la Cruz Blanca.

Días después, fueron a bautizar a la niña. El hermano Isidoro le preguntó a la madre qué nombre deseaba ponerle:

—Quiero que se llame Estrella de la Mañana, porque desde la patera, en el momento más peligroso de la travesía nocturna, vi brillar una estrella —responde con emoción la mamá.

Al día siguiente el Padre Patera ha de ir a pedir alimentos y limosnas para sostener a las mujeres y niños acogidos en su casa. También tiene que dar una charla a los alumnos de un instituto. Los adolescentes están encantados con tener al famoso franciscano entre ellos. Le hacen muchas preguntas.

—Padre Pateras ¿tú de qué te alimentas? —pregunta un chaval con curiosidad.

—Pues, hijo, yo igual que tú, me alimento comiendo —responde divertido y continúa en un tono más serio—. Estoy cada día a las siete de la mañana una hora delante del Santísimo pidiéndole fuerzas. Lo principal es la oración. Y por la noche darle gracias a Dios por lo que te ha dado en ese día y por haber podido ayudar a personas.

—¿Y nunca os faltan alimentos? —interroga ahora una adolescente con facciones asiáticas.

—Nunca nos ha faltado nada y tampoco ahora nos falta. Dios te manda lo necesario para cada día, como a los pájaros y lirios del campo. Nunca nos ha faltado un pañal, una papilla, unos garbanzos o incluso el aceite, con lo caro que está —reconoce convencido el hermano Isidoro.

Suena el timbre para el recreo, pero todos los alumnos están que no le quitan ojo al franciscano. Y piden continuar un poco más. Continúa la lluvia de preguntas:

—Padre, ¿recuerdas al primer inmigrante que llegó a tu casa?

—Claro que sí, no se me puede olvidar. Era un hombre con una maleta. No paraba de llorar y estábamos preocupados por ver qué le pasaba. Resultó que había llegado con su hijo, pero la policía se lo había quitado. Fui a una radio, lo expliqué y logramos que padre e hijo se reunieran. Marcharon a Murcia, adonde pudo traerse luego a su mujer. Y allí viven hoy muy felices. Hace poco me han visitado y el hombre le dijo al hijo, señalándome: ¡Este es también tu padre!

☀ Nos hacemos preguntas

* Hay veces en las que hay que actuar rápidamente, como el Padre Patera con la mujer embarazada. Cuando a tu alrededor sucede algo que requiere de una ayuda urgente, ¿pasas de largo o intentas implicarte? Cuenta alguna ocasión en la que pasaste de largo y otra en la que actuaste con diligencia.
* ¿Qué opinas de la inmigración? ¿Cuál es tu posición? ¿Harías lo mismo que el Padre Patera?
* Algunos, como el funcionario de Sanidad, llaman la atención al Padre Patera. A veces por hacer el bien nos pueden criticar o reñirnos. Describe alguna experiencia que conozcas, tuya o de alguien cercano, en la que hayan hecho el bien por encima de las posibles malas consecuencias.

☀ Así piensa el Padre Patera

* "Yo solo sé hacer una cosa: ¡amar!".
* "¡Es para lo que sirvo! Necesito actuar. ¡Haciéndolo, soy inmensamente feliz!".
* "Yo creo que la fe mueve montañas y que los medios de comunicación pueden mover los corazones. Los problemillas se solucionan con la ayuda de Dios. Dios se vale de una cosita chiquita para hacerla grande. La fe es lo último que tenemos que perder y… tenemos que ver a Cristo, que está en la calle".

☀ Oramos con el hermano Isidoro Macías

Para hacer el bien, Señor,
solo hace falta confiar en Ti.
Cuando alguien venga a nuestra puerta,
cuando alguien pase necesidad,
que el miedo o la pasividad
se vayan de nuestras vidas
y nos apliquemos en hacer algo
por los demás.
Como el padre Patera,
comprometámonos a transformar
nuestro mundo,

con tantos lujos y comodidades.
Que no haya mujeres que se vean en la calle,
ancianos que estén abandonados,
emigrantes despreciados,
personas sin hogar…
Que en nuestro amor,
te reconozcan vivo y presente,
actuando con la fuerza inagotable
de tu Espíritu de Amor.

Pablo Domínguez,
alcanzar la última cima

☀ Tras las huellas del Evangelio

Seis días después cogió Jesús a Pedro, a Santiago y a su hermano Juan y subió con ellos a una montaña alta y apartada. Allí se transfiguró delante de ellos: su rostro brillaba como el sol y sus vestidos se volvieron esplendentes como la luz (Mt 17,1-3).

☀ ¿Quién fue Pablo Domínguez Prieto?

Nació en Madrid el 3 de julio de 1966 y fue ordenado sacerdote en 1991. Era doctor en filosofía y en teología. Ejercía como Decano de la Facultad de Teología "San Dámaso". Aficionado al alpinismo, murió accidentalmente al descender del Moncayo en 2009. A su funeral acudieron más de treinta obispos y tres mil personas. Su vida se ha popularizado a través de la película-documental "La última cima". Uno de sus libros más conocidos es "Hasta la cumbre".

☀ Escenas para recordar: *Un cura de cine*

El padre Poldo es un joven sacerdote que da clase en un colegio y atiende a varios grupos en una parroquia de barrio. Una tarde, al finalizar la catequesis con un grupo de chavales de postcomunión, le sugiere Mario, uno de los más inquietos:

—Padre Poldo, ¿no podemos ir la semana que viene a ver una película sobre un cura alpinista? La seño de religión nos ha dicho que está muy bien.

—¿Y los demás qué pensáis? –pregunta el sacerdote.

—¡Yo me apunto! –afirma Toñi.

—¡Y yo! –continúa Belén.

—Pues entonces, está claro. La semana que viene, ¡al cine! –apostilla Poldo.

Llega el día de ir a ver "La última cima". En el autobús van comentando algunas cosas que saben sobre la película.

—A mi seño le ha gustado mucho –indica Mario– que el cura de la peli sea una persona que está siempre sonriendo y que tenga tiempo para dedicarse a los demás.

—Eso dice mi abuela –interviene Belén–, que fue con sus amigas a verla, que el protagonista multiplicaba el tiempo para ayudar a los que le necesitaban, que tenía el corazón más grande de lo normal o algo así.

—La verdad –constata Poldo– es que no sabía que estuvierais tan colados por esta historia.

—¡Me muero de ganas por disfrutar de las escenas de la montaña y la nieve! –añade Mario.

Al llegar al multicine, Poldo se encarga de comprar palomitas y refrescos. Él, que es muy propio, lleva una libretita para ir anotando las frases que más le impacten.

Los jóvenes espectadores y su catequista están admirados con la subida que hace Pablo y su amiga Sara al Moncayo. Además salen unas fotos de Pablo celebrando la eucaristía desde lo más alto, donde él notaba la cercanía de Dios en la creación.

Según la narración, Pablo tenía idea de que iba a morir joven. Cuando alcanzan la cumbre de la montaña, llama a su familia:

—He llegado a la cima.

Y, al bajar, Sara resbala y se lleva por delante también al sacerdote. Ambos mueren en el acto. Pablo tenía cuarenta y dos años.

—¡Ay, qué pena más grande! –solloza Toñi entre lágrimas–. ¡Tan guapo!

—¡Tan buen cura! –añade Mario.

Al terminar la proyección, el grupo se queda en silencio.

—Bueno, ¿qué os ha parecido? –pregunta Poldo.

—A mí me ha encantado el testimonio de la madre que tuvo aquel niño que vivió tan pocos días y que fue capaz de disfrutar de su hijo gracias a la ayuda de Pablo –comienza Toñi–. ¡Ah!, y no penséis que, porque haya dicho que era guapo, soy una superficial. Es que es verdad.

—Pues yo destaco el humor de Pablo –señala Mario–. ¡Qué divertido su encuentro con un joven en el metro! Este le dice: "¡Qué pasa, cuervo!". Y el cura le responde: "¡Qué pasa, macarrilla!". Y empiezan a hablar como si se conocieran de toda la vida.

—Yo me quedo con los sobrinos de Pablo. Tan pequeños y ya quieren ser curas. ¡Ojalá se parezcan a su tío! –desea Belén.

Mario interpela a Poldo:

—¿Qué frase de las que has anotado de Pablo te gusta más?

—Me quedo con esta –apunta Poldo–: "La vida es un tesoro que hay que dar a los otros". No importa los años que vivamos, sino el amor que pongamos en todo lo que hacemos. Esa es nuestra cima. Y alcanzar esa meta, para un sacerdote o un cristiano es algo esencial, ¿no os parece?

—Llevas razón –asiente Mario–, pero a mí me gustaría decirte hoy algo a ti, Poldo: Tú también eres un cura estupendo y es una suerte que estés con nosotros. ¡Gracias!

Nos hacemos preguntas

* ¿Conoces a algún sacerdote alegre? Descríbelo.
* ¿Has escuchado alguna vez la historia vocacional de un sacerdote o de una religiosa? Cuéntala.
* ¿Te has planteado tu propia vocación? ¿Qué es lo que Dios quiere de ti en la vida?
* ¿Cuál crees tú que es la cima de un cristiano?
* ¿Rezas por las vocaciones sacerdotales y aprecias la vida de los sacerdotes? ¿Cómo se nota?

Así pensaba Pablo Domínguez

* "Anunciar a Jesucristo es nuestra vida".
* "La muerte es una puerta; lo importante es lo que hay detrás: la vida eterna".
* "Dios está de tu parte, está empeñado en tu felicidad".
* "Hemos de amar sin esperar nada a cambio".
* "Tenemos poco tiempo y hay que hacerlo fructificar".

Oramos por los sacerdotes

Un sacerdote debe ser:
muy grande y, a la vez, muy pequeño,
de espíritu noble como si llevara sangre real
y sencillo como el labriego.
Héroe por haber triunfado de sí mismo
y el hombre que llegó a luchar contra Dios.
Fuente inagotable de santidad
y pecador a quien Dios perdonó.
Señor de sus propios deseos
y servidor de los débiles y vacilantes.
Uno que jamás se doblegó
ante los poderosos y se inclina,
no obstante, ante los más pequeños.
Y es dócil discípulo de su Maestro
y caudillo de valerosos combatientes.
Pordiosero de manos suplicantes
y mensajero que distribuye
oro a manos llenas.
Animoso soldado en el campo de batalla
y mano tierna a la cabecera del enfermo.
Anciano por la prudencia de sus consejos
y niño por su confianza en los demás.
Alguien que aspira siempre a lo más alto
y amante de lo más humilde...
Hecho para la alegría
y acostumbrado al sufrimiento.
Ajeno a toda envidia.
Transparente en sus pensamientos.
Sincero en sus palabras.
Amigo de la paz.
Enemigo de la pereza,
seguro de sí mismo.

(De un manuscrito medieval)

Francisco,
el papa de los pobres

☀ Tras las huellas del Evangelio

Jesús, sabiendo que el Padre le había puesto todo en su mano, y sabiendo que había venido de Dios y que a Dios volvía, se levantó de la mesa, se quitó el manto y se ciñó la toalla; echó agua en una jofaina y se puso a lavarles los pies a los discípulos, secándoselos con la toalla que llevaba ceñida (Jn 13,3-5).

☀ ¿Quién es el papa Francisco?

Francisco, para seguir las huellas de san Francisco de Asís, es el nombre que el cardenal Jorge Mario Bergoglio ha elegido como papa para suceder a Benedicto XVI. Nacido en Buenos Aires (Argentina), en el año 1936, es hijo de emigrantes italianos. Jorge Mario ingresó en la Compañía de Jesús y más tarde se convirtió en arzobispo bonaerense. Desde los primeros momentos de su pontificado, iniciado el 13 de marzo de 2013, ha dado muestras de sencillez, humildad y amor por los pobres. En una primera audiencia a los periodistas en el Aula Pablo VI les indicó: "¡Ah, cómo quisiera una Iglesia pobre y para los pobres!".

☀ Escenas para recordar: *Una oración con cada dedo*

Anita vive en un barrio muy necesitado de Buenos Aires, la capital de Argentina. Su marido murió hace poco. En una humilde casita trata de seguir adelante con sus tres hijos, aún pequeños. Ella trabaja en una empresa de limpieza. Después de comer, mientras anima a sus pequeños a realizar las tareas escolares, una emoción que casi no la deja respirar la inunda por dentro y por fuera.

—¡Es don Jorge! ¡Es don Jorge!

Su hija Elena, de siete años, le pregunta con interés inquieta por ver a su madre tan alterada:

—¿Quién es mamá? ¿Por qué va vestido de blanco?

—Es el nuevo papa. Y este papa fue el obispo que me confirmó. Ha venido varias veces a la parroquia y siempre se ha interesado por nuestros problemas. Es un hombre muy bueno que ama a los más pobres. Está en las manos de Dios.

Luego, continúan viendo más imágenes. Todos quedan en la casa contagiados por la emoción de Anita. Una periodista indica que el nuevo papa ha elegido el nombre de Francisco.

—¡Francisco, Francisco! No me extraña. Siendo arzobispo de Buenos Aires viajaba en autobús, se hacía la comida y nos entusiasmaba con su sencillez.

—Mamá, fíjate, ahora se agacha y no se oye nada en la tele —observa Dani, con seis añitos.

Efectivamente, el papa Francisco ha pedido a todas las personas que están en la Plaza de San Pedro que recen por él.

Con la alegría de la elección de don Jorge, Anita ha de regresar nuevamente al trabajo. Su madre vendrá a quedarse con los niños por la tarde. Al volver ya está anocheciendo, los tres niños están con el pijama puesto. Rodri, el más pequeño, está a punto de quedarse dormidito.

—Esta noche quiero enseñaros una oración que el papa Francisco nos enseñó antes de confirmarnos. Espero que os guste y que os ayude siempre en la vida —indicó la mamá.

Entonces, después de hacer la señal de la cruz, Anita cogió el dedo pulgar de Elena y dijo:

—El pulgar es el más cercano a ti. Así que empieza orando por quienes están más cerca de ti.

Luego tomó el dedo índice de Dani y les invitó a orar por quienes enseñan, instruyen y sanan:

—Te pido por mis profes y por la doctora Lolita —pidió el niño espontáneamente.

Tras preguntar cuál era el siguiente dedo, Rodri se quedó acurrucado en los brazos de su madre. Elena y Dani acertaron con el corazón, el dedo que hace referencia a los gobernantes y a los que dirigen el país.

A Elena le llamó especialmente la atención el dedo anular, porque su madre les explicó que es el más débil. Así que oró de esta manera:

—Vamos a rezar por los pobres, los que sufren, por los que lo pasan mal.

Finalizaron la oración con el dedo meñique, el más pequeño. Ahora Anita cogió el dedo de Elena y les explicó:

—Vuestro meñique debe recordaros orar por vosotros. Cuando ya hayáis orado por los demás oraréis por vosotros correctamente.

A partir de aquel día, Anita y sus hijos rezaron cada noche con la oración en cada dedo del papa. También descubrieron, gracias a un reportaje emitido por la tele, que el tesoro de Francisco es Cristo Crucificado, cosa que no extrañó nada a Anita.

☀ Nos hacemos preguntas:

* Piensa en alguna situación en la que te hayas llevado una sorpresa importante por parte de alguien que conoces. ¿Te ha animado esta noticia a ser mejor? ¿A esforzarte más? ¿A comprometerte con otros?

* ¿Tienes presentes a los pobres y desfavorecidos en tu vida? ¿Haces algo por ellos? ¿Tratas de llevar una vida sencilla y austera como el papa Francisco?

* ¿Te has fijado en que un cristiano ha de tener presentes a todos en su oración? ¿Cómo es tu forma de rezar? ¿Qué añadirías o cambiarías de la oración del papa Francisco?

☀ Así piensa el papa Francisco

* "Y ahora, empezamos este camino: obispo y pueblo. Este camino de la Iglesia de Roma, que es la que preside en la caridad a todas las iglesias. Un camino de fraternidad, de amor, de confianza entre nosotros. Recemos siempre por nosotros: los unos por los otros".
* "Cuando caminamos sin la Cruz, cuando construimos sin la Cruz y cuando confesamos a un Cristo sin la Cruz… no somos discípulos del Señor: somos mundanos; somos obispos, sacerdotes, cardenales, papas, pero no discípulos del Señor".
* "¡Oh, hermanos y hermanas, el rostro de Dios es el de un padre misericordioso, que siempre tiene paciencia! ¿Habéis pensado en la paciencia de Dios, la paciencia que tiene con cada uno de nosotros? ¡Eh, esa es su misericordia! Siempre tiene paciencia: tiene paciencia con nosotros, nos comprende, nos espera, no se cansa de perdonarnos si sabemos volver a Él con el corazón contrito".

☀ Oramos por el Papa

Te pedimos, Dios del Amor y de la Paz,
por el papa Francisco
que ha de guiar a tu Pueblo,
con mano de Pastor, sencillez
y amor fraterno,
abierto a todos los hombres
y mujeres de buena voluntad.
Que los santos Pedro, Francisco de Asís
y Francisco Javier intercedan
especialmente por él y por la Iglesia.
Su cruz de plata oxidada
nos evoca la entrega de tu Hijo
y la invitación a unirnos a su Pasión.
Te encomendamos a nuestro Papa,
que se ha inclinado
para recibir la oración de sus hijos
al inicio de su pontificado.
Unámonos con él
en su deseo de que todos
formemos una gran hermandad.
Así podremos rezar el Padrenuestro,
con verdadero sentido de hermanos,
el Avemaría, sintiendo la protección
de nuestra Madre,
y el Gloria para manifestarte
nuestra alabanza.
Amén.

Si quieres volar...

El proyecto que hay detrás de este libro es el de aprender a volar con los sueños. La vida de los protagonistas de los capítulos es en sí un sueño, unas ganas inmensas de vivir como Jesús de Nazaret. Estos santos o seguidores actuales del Señor nos invitan a que aprendamos de esos sueños a "volar" en casa, en clase, con nuestros amigos, en la parroquia... Su ejemplo es un aliciente para un vuelo con libertad, que es la propia vida, y para hacer realidad el sueño de estos grandes hombres y mujeres de fe.

Con la información que ofrecemos en cada capítulo, el lector podrá adquirir una información adecuada de cada personaje, pero os invitamos a sacar el máximo provecho a los diferentes amigos de Jesús, que han dado su vida por el Evangelio. Unos amigos perseverantes hasta el final, hasta la muerte. Como sabéis, algunos protagonistas siguen vivos aún. Hemos querido que la larga tradición de la santidad, del seguimiento de Jesús, se haga visible en el mundo en que vivimos hoy. Esos personajes actuales están dando su vida en la actualidad en las misiones o atendiendo a personas marginadas de nuestra sociedad. Viven ese encarnar el mensaje de Jesús hasta las últimas consecuencias.

El libro se puede leer y trabajar individualmente, aunque lo ideal es la riqueza de poderlo tratar en grupo y poner en común las diversas vivencias, que pueden ayudar en la experiencia cristiana y en el crecimiento en valores. Desde esta perspectiva, queremos ofreceros algunas sugerencias a modo de bloques, porque consideramos que cada capítulo puede dar para tres sesiones de catequesis, de clase o de reunión. ¡Disfrutadlo! Y si queréis volar... trabajad esos tres bloques que planteamos.

Por último, sería ideal que este volumen se leyese y rezase en familia. Por ejemplo, al terminar el día empaparse de una escena y luego rezarla. Estoy convencido de que muchos padres con sus hijos lo harán. Seguro que estos buenos amigos de Jesús, que recorren los diversos capítulos, les ayudarán en su andadura cristiana. Ellos nos llevarán también a ser buenos amigos.

☀ Bloque A. Profundizamos en el personaje

Desde el primer momento hay que hacer atractivo al personaje que se va a abordar. Para ello, viene muy bien tener en cuenta una buena información sobre el mismo y que el animador domine de alguna forma, los aspectos más esenciales de su biografía. Así contextualizará y hará llamativo la vida de la que trata el capítulo que se esté trabajando. Esta aproximación se puede realizar de diferentes formas:

* A través de las breves biografías, que se pueden leer al principio de la catequesis, de la reunión o de la clase, podemos fijar la atención de los chicos en el marco geográfico e histórico en el que desarrolló o sigue desarrollando su

vida el personaje que abordamos. Cada uno de ellos responde de una manera a las necesidades de la Iglesia y del mundo en la época en que le tocó vivir. La biografía que ofrecemos ofrece una información muy sintética, en la que están condensados los principales puntos de la vida y la obra del seguidor de Jesús que tratamos en el capítulo en cuestión.

* El animador puede, además, recabar información a través de libros que contienen la vida detallada de los santos, de artículos y de páginas web. En el caso de los santos fundadores de congregaciones, la mayoría cuenta en los sitios web de las mismas con una amplia biografía y con sus propios textos. También existen páginas dedicadas en exclusiva a las vidas de los santos. Es cuestión de investigar un poco, navegar por internet y ampliar así la información, para contextualizar mejor al protagonista del capítulo.

* Otra manera muy atractiva de entrar en la vida del personaje es visionando una película o algún reportaje de televisión: *Don Bosco*, de Leandro Castellani; *Molokai, la isla maldita*, de Luis Lucia; *Juan XXIII. El Papa de la Paz*, de Giorgio Capitani; *Francesco*, de Liliana Cavani; *El señor de La Salle*, de Luis César Amadori, *La última cima*, de Juan Manuel Cotelo, etc. En la web de programas religiosos como "Últimas preguntas" de TVE o "Testigos hoy" de Canal Sur TV, podéis utilizar reportajes de gran calidad sobre alguno de los personajes que tratamos en el libro: Padre Patera, Lolo, fray Leopoldo, san Juan de Dios o el papa Francisco...

☀ Bloque B. Trabajamos la escena

La escena se puede abordar de diversas maneras. Damos ahora una serie de pistas:

* La lectura de la escena conviene realizarla en forma de narración en voz alta: se elige a un narrador y al resto de personajes que intervienen en la misma.

* Después, se deja un espacio de silencio que posibilite la reflexión personal. Cada uno ha de ver lo que la escena le aporta o le interpela, fijarse en lo que más haya llamado la atención, etc.

* Tras la reflexión personal, se puede entablar en el grupo un diálogo o debate sobre el tema que está detrás de la escena. Recomendamos el "círculo de los puntos de vista", donde cada chaval adopta la manera de ver la realidad de un personaje de la escena. Por ejemplo, en fray Leopoldo no es la misma actitud la que tiene el protagonista que los que aparecen riéndose de él; o en san Juan Bosco, es opuesto el rol del santo que el del cochero; o en Josefina Bakhita, su discreción a la de la hermana Blanca; o en san Francisco, es diferente mirar la realidad desde el santo que desde el lobo. Y así podríamos continuar con los distintos capítulos.

* También se puede iniciar el diálogo con lo que sugiera el dibujo de Patxi y Poe, que siempre recoge algunos elementos simbólicos llamativos de la vida del personaje y resulta muy sugerente. Detrás de estas ilustraciones hay una enseñanza evangélica clara, que se puede descubrir con dicho diálogo.

* Otra manera de abordar el diálogo puede ser compartiendo las actitudes personales, con la ayuda de las preguntas que proponemos en el apartado "Nos hacemos preguntas" de cada capítulo. Esas preguntas ayudan a revisarse personal y grupalmente. Suscitan y provocan el debate sobre temas como el racismo, los excluidos, la solidaridad,

la gratuidad, la eucaristía, el perdón, la Iglesia, la moda, la paz, la fidelidad, la educación, la naturaleza, la música, el compromiso, la igualdad, la discriminación racial, la pobreza, la enfermedad, la muerte, la alegría, las aficiones, la televisión, los miedos, la valentía, la interioridad, la entrega, el compartir, la sencillez, las relaciones personales, etc.

☀ Bloque C. Propuestas para un tiempo de oración

La aproximación al protagonista del capítulo finalizará con un rato especial de oración, para interiorizar mejor el mensaje y cuidar esta dimensión del tiempo de amistad con Jesús. Hemos de tener en cuenta algunas indicaciones prácticas:

* Es beneficioso buscar el lugar adecuado: el oratorio, la capilla, el campo o el jardín. En el caso de san Francisco de Asís, convendría contar con un espacio natural. Sin embargo, con Lolo sería mejor reunirse en torno a Jesús presente en el sagrario. Cada personaje requiere un espacio que el animador, catequista o educador ha de elegir de la mejor manera posible.

* La ambientación del oratorio es fundamental. Podemos colocar en el centro una fotografía del personaje o el propio dibujo que Patxi y Poe han realizado. Es ventajoso contar con algunas velas y un poco de incienso. Con Teresa de Lisieux, por ejemplo, si hay algunas rosas conectaría directamente con la escena que narra el libro de la santa. Otros personajes tienen un elemento simbólico, que puede estar presente: la Madre Rafols, el cántaro; san Francisco Javier, la cruz; santa Catalina de Siena, el anillo; Iris Prat, la muñeca; santo Domingo de Guzmán y "El Pelé", el rosario.

* Comenzamos invitando al silencio para crear un ámbito adecuado para rezar. Cuando se ha hecho este silencio, nos ponemos en la presencia del Señor: "En el nombre del Padre, del Hijo y del Espíritu Santo…".

* El animador lee muy despacio el texto evangélico e invita a saborear lo que quiere transmitir. Los participantes pueden repetir mentalmente la frase más destacada del Evangelio varias veces, para familiarizarse con ella. Este texto hace referencia a algún aspecto destacado del personaje que ayudará a entrar en la oración.

* Se entona un canto que haga referencia al Evangelio o se escucha algún himno o canción. Algunos santos tienen su propio himno, como san Juan Bautista de La Salle, san Vicente de Paúl o santa Rafaela María.

* Tras unos momentos de silencio se leen algunas frases o pensamientos del santo o en referencia al mismo. Resulta útil que el animador contextualice el texto que se va a leer, para motivar mejor la atención de los chavales.

* Se comparte la oración con peticiones, acción de gracias, etc., que surjan espontáneamente.

* Juntos, dándose las manos, se reza la oración del Padre Nuestro.

* Se finaliza con la oración del santo o relativa a lo que el personaje quiere transmitir.

* Se concluye, de nuevo, con la señal de la cruz.

* Duración: entre media hora y tres cuartos de hora, con un ritmo tranquilo y pausado.

Agradecimientos

Este libro comenzó a fraguarse hace unos años, en una visita que realicé a Alange, encargado por la revista 21, para entrevistar a mi querido amigo Jesús Sánchez Adalid, que era en ese momento párroco en ese hermoso pueblo de Badajoz. Él me insistió en la necesidad de este proyecto, de acercar a los santos, con un lenguaje y unos dibujos atractivos, a los niños de hoy. Le agradezco sus palabras y los ánimos que constantemente me da para que continúe escribiendo y desarrollando estos proyectos. También he de referirme a su prólogo, un verdadero regalo, por su hondura y por lo bien que escribe este sacerdote y novelista sin parangón.

Los sueños a veces se hacen realidad gracias a personas que se te cruzan providencialmente en el camino y que te conducen para que puedan hacerse realidad. Esta persona fundamental en este libro ha sido Pedro Miguel García Fraile, en aquel momento subdirector de la editorial San Pablo y ahora Director de PPC-España. Cariñosamente lo llamo mi manager. Gracias por orientarme y abrirme tantas puertas. Si con Pedro Miguel inicié el proyecto, con Octavio Figueredo, Director de San Pablo, lo he llevado a su culminación con su buen hacer y profesionalidad. Quiero destacar, además, la labor de promoción de Álvaro Santos, la profesionalidad de Sara Loro y el entusiasmo de Juanjo Jiménez.

Para escribir necesitamos inspiración. Este libro está pensado de una manera pedagógica gracias a las orientaciones de Carmen Pellicer y de Martín Varela. Estar con ellos es siempre, además de motivo de alegría, torrente de ideas y de pensamiento. A Martín le agradezco especialmente su aportación al apartado "Nos hacemos preguntas".

En esta obra hay dos personas imprescindibles: Patxi Velasco Fano y Poe Ortega Hurtado. Sin su creatividad, su manera de dibujar y colorear, de plasmar su profunda espiritualidad y compromiso cristiano, este libro no sería lo que es. A ellos, a sus familias y a la comunidad María de Nazaret de la Parroquia de la Amargura de Málaga, ¡gracias!

No me puedo olvidar de Tere García Bernal, mi querida asesora literaria, por su disponibilidad para leer los textos, hacerme observaciones y comentarios cargados de sabiduría y humor; ni de mi Provincial, Enrique Losada, por su reconocimiento y apoyo fraterno. Tampoco quiero dejar de mencionar al arzobispo Juan del Río, siempre atento y animándome a seguir en este ministerio de las letras: "¡Continúa, por favor, escribiendo como lo haces!". Le agradezco, además, el hermoso detalle de que en la Iglesia Catedral Castrense de España se rezara con el "Vía Crucis del Corazón traspasado" el Viernes Santo pasado.

Y, por último, quiero dar gracias a Dios por pertenecer a la Congregación de los Sagrados Corazones de Jesús y de María, que me lleva al Corazón de Dios y está atenta a las necesidades de la Iglesia y de los más desfavorecidos. Sin su mirada y espiritualidad seguro que no escribiría todas estas historias de santos y de cristianos de hoy que nos muestran una amistad y fidelidad a Jesús hasta la muerte. En mi Congregación surgió ese don único para el mundo que es san Damián de Molokai. ¡Gracias!

Amigos hasta la muerte

<table>
<tr><td></td><td>Cita evangélica</td><td>Págs.</td></tr>
</table>